高等院校通识教育系列教材

魏 佳 ◎ 著

媒介素养概论

中国传媒大学出版社
·北京·

图书在版编目(CIP)数据

媒介素养概论/魏佳著.--北京:中国传媒大学出版社,2025.6.
ISBN 978-7-5657-3930-9
Ⅰ.G206.2
中国国家版本馆 CIP 数据核字第 20258Q1X08 号

媒介素养概论
MEIJIE SUYANG GAILUN

著　者	魏　佳
责任编辑	张　笛　张　静
特约编辑	李　婷
封面设计	拓美设计
责任印制	秦　英

出版发行	中国传媒大学出版社			
社　　址	北京市朝阳区定福庄东街1号	邮　编	100024
电　　话	86-10-65450528　65450532	传　真	65779405
网　　址	http://cucp.cuc.edu.cn		
经　　销	全国新华书店		
印　　刷	唐山玺诚印务有限公司		
开　　本	787mm×1092mm　1/16		
印　　张	13.5		
字　　数	250千字		
版　　次	2025年6月第1版		
印　　次	2025年6月第1次印刷		
书　　号	ISBN 978-7-5657-3930-9	定　价	55.00元

本社法律顾问:北京嘉润律师事务所　郭建平

序 言

　　国内媒介素养教育课程始于20世纪末,2004年,复旦大学成立中国首个实践团队——媒介素养教育小组。同年,上海交通大学成为第一所开设媒介素养教育课程的高校,上海走在了全国媒介素养教育的先列,并致力于将之推向全国。

　　南京艺术学院传媒学院的"媒介素养"课程开始于2006,早先名为"新闻政策与法规",后因媒介形势变化改名为"媒介素养"。魏佳老师的"媒介素养"课程与国内外同类课程相比,虽起步不早,但依托南京艺术学院艺术类专业全学科的优势,在整个的专业定位和人才培养中,"媒介+艺术"始终是广电编专业紧紧抓住的两个关键词,同时也是"媒介素养"课程紧紧聚焦的关键。课程在共性上与国际最新的媒介技术和传播观念保持同步,在个性上保持并加强自我特色,在媒介融合的数字时代,深入探索如何培养学生的多种媒介能力,培养符合社会主义核心价值观的优秀青年。

　　结合十几年的教学经验,魏佳老师的"媒介素养"课程获得南京艺术学院一流本科课程的立项,并在2021年完成线上慕课的制作与播出。2024年,这门课程获得江苏省省级一流本科课程立项并被推荐参评第三批国家级一流本科课程。著作《媒介素养概论》也终于在今年出版了,首先要恭喜她,这也是她十几年来在媒介素养理论与实践方面的总结和思考。这本书对于相关理论作了细致的梳理,也补充了很多新案例,在我看来有三个创新点。

　　第一,将社会主义核心价值观融入媒介素养理论与实践中。

　　本书通过系统的梳理,使学生建构关于媒介的知识体系,认识媒介、理解媒介、使用媒介、制作媒介,并由此培养其批判思维和创新能力,最终实现其在全媒体时代的全面可持续性发展。同时，媒介素养教育以媒介发展为基础，以媒介技术为手段，将媒介素养转向学生日常学习生活中，培养其正确积极的生活理念，将社会主义核心价值观融入课程，终极目的是缔造新的生活方式，不论是对个人还是国家，都增加生活的美好和幸福感。

第二，理论与实践相结合，突出现实应用性与方法论。

本书引入大量中外鲜活的案例，重视多元观点和宽广的视野，并超越事物的简单现象，帮助学生建立完整的媒介素养知识结构；依托热点或经典理论，引导大众把握相关知识；运用知识审视现实，着力塑造健康合理的视角、思维方式及表达能力。本书中理论与实践的构建，从低阶到高阶层层递进培养学生的媒介素养，其中高阶媒介能力与当下全球化、产业化、数字化新浪潮紧密联系，实现了知识体系的衔接和人才的全过程培养。

第三，具有广泛的适用性。

本书针对传媒类的大学生以及对媒介传播感兴趣的其他专业学生，同时也适用于社会大众，具有广泛的适应性和重要的教育意义。

随着新技术的不断迭代，人类正在进入"深度媒介化"时代，媒介发展渗透到人类生活的各个方面，甚至对思想、意识、认知和行为都产生了越来越深刻的影响。媒介素养成为每个人需要了解和具备的能力，也成为社会交往和运行中越来越重要的元素，这大概是"媒介素养"更重要的社会价值和意义。

南京艺术学院科研处处长，学科建设办公室主任，教授，博士生导师，江苏省政府参事，中国高校影视学会副会长。

2025 年 4 月 9 日

目　录

引　言　/　1

第一章　认知篇　/　5
第一节　认识媒介　/　6
第二节　认识媒介素养　/　22
第三节　与媒介素养相关的伦理和法律知识　/　29

第二章　理解篇　/　36
第一节　媒介与新闻　/　37
第二节　媒介与娱乐
　　　　——我们真的会娱乐至死吗？　/　43
第三节　媒介与广告
　　　　——广告带给我们越来越好还是越来越坏的生活？　/　51
第四节　媒介与真实
　　　　——我们离"真实"越来越远还是越来越近？　/　58

第三章　使用篇　/　66
第一节　媒介与人
　　　　——谁在使用媒介？　/　67

第二节 媒介与违法犯罪
　　　　——使用不当有何后果？／79
第三节 媒介与技术
　　　　——谁会取得控制权？／85

第四章　生产与制作篇 ／ 97
第一节　基础篇 ／ 99
第二节　进阶篇 ／ 108
第三节　高阶篇 ／ 124

第五章　媒介效果篇 ／ 138
第一节　传统媒介之媒介效果 ／ 139
第二节　新媒介环境中的媒介效果 ／ 145

第六章　媒介素养教育与方法篇 ／ 153
第一节　媒介素养教育的途径 ／ 154
第二节　媒介素养教育的方法 ／ 165

第七章　媒介素养课堂式辩论 ／ 171
辩题一:"挟尸要价"事件中　王守海老人是否被侵害名誉权？ ／ 171
辩题二:人肉搜索是网络侵权还是网民正义？ ／ 187

参考文献 ／ 200
后　记 ／ 205

引 言

媒介发展的历史也是其与人类关系的渐近史。媒介与人类的关系可谓如影随形,从最初的远观、渐进,到今天的交互、沉浸。今天的媒介对于人类来说,与空气、水的作用一样,我们浸泡在媒介里,不可或缺、无法抽离。媒介本身非常复杂,它是渠道、环境、信息、终端等的合集,或者是其中几种的合集。我们对媒介的认知也随着媒介的发展而在不断进步。

根据中国互联网络信息中心(CNNIC)第55次《中国互联网络发展状况统计报告》,截至2024年12月,我国网民规模达11.08亿人,互联网普及率达78.6%,而其中手机网民规模已经约等于整体网民规模,手机网民比例迅速上升。对于今天的我们来说,手机无疑成为集大成者。一部手机走天下的时代已经来临。早在2003年,冯小刚在其导演的贺岁电影《手机》中就将手机比喻成"手雷",因为手机好像一颗定时炸弹,给予了主人公生活翻天覆地的变化。彼时,中国的移动通信还处于2G时代,手机仅仅具有通话和短信息的功能。2019年,中国移动通信全面进入5G时代,手机如同一个包罗万象的口袋,随时提供给我们想要的任何信息。当然,今天的手机能泄露的也绝不仅仅是短信息和通话,所有通过手机完成的行为,如位置信息、金融往来、行程去向、人情往来等都可能让我们无所遁形。

今天的中国已经进入全媒体建设与发展时代,手机就是全媒体时代的经典产物。习近平总书记在中共中央政治局第十二次集体学习时,首次提出"四全媒体"的概念,强调了推动媒介融合发展、建设全媒体成为我们面临的一项紧迫课题。"四全媒体"的核心为全程媒体、全息媒体、全员媒体、全效媒体,这个概念分别从时间维度、空间维度、主体维度和效果维度为全媒体的未来提供了宏观深远的指引。全程媒体强调时间的全时段、全景式覆盖；全息媒体强调信息的多形态、多空间、全方位的整合呈现；全员媒体强调主体整合，人人都有麦克风，人人都有发表言论的机会；全效媒体强调媒体传播的效果和受众的体验效能。

全媒体的发展强调时间性、空间性、主体性和效果性。在今天这样一个万物皆媒体、全员皆主体的态势下，媒介化生存是我们的主要生存方式，我们生活的很大一部分建立在媒介的纽带上。

全媒体的发展有几大影响力：首先，信息呈爆炸式增长，我们每天接触的信息数不胜数。在这种情况下，选择困难症频发，看什么、不看什么成为我们每天必做的功课。信息爆炸带来的各类媒介症状也频发，媒介依存症、手机依赖症、媒介幻想症等，举不胜举。媒体的繁荣也更容易侵犯受众的权利。作为新时代的受众，提高媒介素养，更好地保护自身权利，更好地行走在信息社会，成为当务之急。

其次，真假信息混杂，辨别信息的真伪成为一种重要的能力，接收到假信息、误读信息可能会带来财产损失或者人身损伤。媒介的发展是一把双刃剑，如果不能正确学会识别媒介信息的真伪，我们必将迷失在光怪陆离的信息海洋中。

再次，传统的你播我看、你说我听的单向信息传播模式被完全打破，"传播者"和"受众"的界限逐渐模糊，传统的媒介中心地位丧失。一个数字化的景观在我们面前展现，每个人都能发声，而且渠道多元。这时，怎么说、说什么就显得格外重要。咪蒙、二更食堂等百万级别的账号因发表不当文章被封，某电视台因为节目内容不当被停播整顿，而自媒体人李子柒因为其精心制作的田园农耕式短视频，被称为"讲好中国故事"的典范。无论是个人、自媒体，还是公共媒体，不具备正确的媒介素养，都必将被时代淘汰。

最后，人类高级的能力是生产、制作与传播信息的能力。媒介技术的发展使得媒介信息的制作越来越便捷，手机拍摄的优秀作品、短视频比比皆是。人人都有麦克风的下一步就是人人都是艺术家，谁能生产出优质的信息，谁就有话语权。而专业型人才更要学会革新求变，充分吸收融合新时代的新兴技术，适应现有的市场大环境，抓住时代的脉搏，高度调用自身的媒介素养，投身于艺术创作，实现自我的良性发展。

麦克卢汉说，媒介是人的延伸。媒介必将成为我们接触世界的中介，媒介的发展不断提升着我们的信息需求，也膨胀着我们的交往渴望。媒介提供的并不是真实环境,而是信息环境,受众则容易沉浸在媒介制造的信息环境中。因此,正确的媒介素养能为人类互动提供帮助,是平衡两者的有力武器。

媒介素养已经成为当代大学生乃至社会大众的基本素质之一。在如今自媒体引导的全媒体时代下,良莠不齐的媒介信息、多元维度的媒介渠道、纷繁复杂的媒介生产构成了当代大学生置身于媒介环境中的隐性考验。对于人才培养而言,具备优良的媒介素养能力有助于学生开拓自身的思维格局,引领自身的行为模式,规范自身的价值判断,甚至可以提升专业创作和实践水平。如今,不少高校与科研机构意识到媒介素养教育的重要性,纷纷倡导将渗透式的教学理念贯穿于学生学习生活的各个环节。

媒介素养教育的目的就是希望学生通过系统的学习,建构起关于媒介的知识体系,培养其认识媒介、理解媒介、辨识信息、使用媒介、制作媒介、传播信息等基本能力,并由此培养其批判思维和创新能力,最终实现学生在全媒体时代的全面可持续性发展。同时,媒介素养教育以媒介发展为基础,以媒介技术为手段,将学生的媒介素养转变为日常学习生活的基本素质,将社会主义核心价值观融入媒介素养教育,培养学生正确积极的生活理念,终极目的是缔造新的生活方式,不论是对个人还是对国家,都能增加生活的美好和幸福感。

《媒介素养概论》一共有七章:第一章是认知篇,第二章是理解篇,第三章是使用篇,第四章是生产与制作篇,第五章是媒介效果篇,第六章是媒介素养教育与方法篇,第七章是媒介素养课堂式辩论(实录)。通过前六章的学习,学生可以加深对于知识点的理解。第七章是辩论实战,学生在讨论中,可分组寻找资料,将知识点系统化、全面化、深入化。

学习目的:通过七章的学习,学生了解和识别中外各类媒介及其传递的信息,理解与媒介传播相关的法律法规的内容、涉及范围和运用程序,熟悉与媒介传播相关的伦理知识和道德规范,具备用相关的法律武器和职业道德来规范媒介信息传播的能力,具有对各种媒介信息的认知、理解、解读、质疑和批判能力,掌握媒介信息的使用、生产、制作、传播方式方法。

本书引入大量中外鲜活的案例进行探讨,重视多元观点和宽广视野,并超越事物的简单现象,试图帮助学生建立完整的媒介素养知识结构,使之能够更加理性、成熟地理解和使用媒介。同时,本书亦适用于大众阅读,具有广泛的适应性和科普意义。

第一章　认知篇

▶学习目标

1. 梳理媒介发展的进程,归纳各类媒介的特点,重点分析新媒介的"新"特征。
2. 思考我们的生活被媒介重塑了什么。
3. 分析媒介素养教育纵向的历史脉络和横向的概念拓宽。
4. 认识与媒介素养相关的法律知识与媒介伦理知识。

什么是媒介？媒介是信息传播的中介,是信息传播的通道、载体、中间物。媒介与信息的关系好比水管和自来水,水是信息,水管是通道,水管的材质有很多,如塑料、铜、铁,等等。与"媒介"意义最相近的是"媒体",从广义上理解,两者同义,从狭义上理解,媒体指媒介平台。在本书中,我们取其广义,所以"媒介素养"也可称为"媒体素养"。

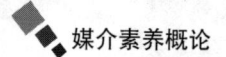

第一节 认识媒介

一、媒介带给我们什么？

（一）媒介的诞生与历程

媒介有很多种，媒介的发展经历了漫长的历史周期。媒介传播的历史进程大致可以分为前文字时代、文字时代、印刷时代、电子传输时代、互联网时代、新媒体时代。在文字出现之前，信息的传递靠动作、声音、气味或者其他的信号形式。古代有结绳记事、烽火戏诸侯等故事，这向我们表达了信息传播在无文字时代的多样性。据科学家研究，动物在传递信息时也有特殊的方法。比如，蜜蜂的8字舞和圆圈舞是分别告知同伴蜜源距离蜂巢的远和近，蚂蚁会通过沿途走过的气味散发来通知其他同伴哪里有食物。

人类文字最早至少在3个地方独立发展起来，即埃及、美索不达米亚平原和哈拉帕独立地，时间是公元前3500年到公元前3100年之间。中国的汉字是上古时代的汉族人发明的，初步成熟定型的汉字系统为商朝的甲骨文，再是金文，而后到秦朝的小篆、隶书，直到汉朝才起名为汉字。与原始的动作、声音等介质相比，文字在传递信息时可以突破时间与空间的限制，它可以被印在土陶、金属、皮毛、竹简、纸张等物体上，进而被更广泛地传播。实践证明，纸张轻薄易保存，是文字承载的最好工具。西汉时期的人们已经开始将纸张当作书写材料，东汉时期蔡伦进一步改进了造纸术，使得纸张成为书籍写本最普及的材料。

印刷时代始于南北朝时期的雕版印刷，活跃于隋朝，经宋朝毕昇的发展与完善，活字印刷发明了，再由蒙古传到欧洲。印刷术的发明才使得刻本时代真正来临。印刷术与造纸术的完美结合，使得文字的传播摆脱了耗时耗力的人力书写，真正开始跨国界、跨地域传播。以文字和图片为主要表达方式的报纸就是这一时期大众媒介的典型代表。

19世纪下半叶到20世纪初，第二次工业革命来临，随之而来的是电子传输的爆发。20世纪是电子媒介大发展时期,世界电影的诞生是1895年法国卢米埃尔兄弟用活动电影机首次放映的《工厂大门》,中国的第一部电影是1905年拍摄的《定军山》。电影作为电子传输时代重要的大众媒介产物,受到了世界各国人民的追捧。1920年,世界第一座广播电台由美国匹兹堡西屋电气公司开办,世界第一家电视台于1929年在英国试播,1936年正式开播。而广播和电视更是使得大众文化走进千家万户。广播是听觉媒介的代表,而电视作为工业革命的伟大发明,是电子媒介里程碑式的产物。

互联网时代始于1969年美国的阿帕网,它将加利福尼亚大学洛杉矶分校、斯坦福大学研究学院等四所高校的四台主要的计算机连接起来。这种将计算机网络互相连接在一起的方法被称作"网络互联",在这基础上发展出来的覆盖全世界的互联网络简称互联网。互联网最开始是军用,真正走向民用是20世纪90年代。1994年,中国正式接入互联网。被称为"当代麦克卢汉"、著名的媒介环境学家保罗·莱文森早在1979年的博士论文《人类历程回顾:媒介进化理论》中就提出了媒介演化的"人性化趋势"理论和"补救性媒介"理论。互联网正是这样的媒介,它越来越人性化,并融合了前期所有媒介的特点,焕发出新的特征。

新媒体是在互联网的大背景与全新的技术支撑体系下出现的全新的媒介形态。新媒体融合了传统媒体的诸多特点,好比一个包罗万象的大口袋,吸纳了传统媒体的精华,在新技术的支持下焕发出全新的媒介形态,如手机、移动电视、桌面视窗、数字报纸、数字音频等。随着大数据、虚拟现实等技术的发展,新媒体时代的第二阶段特征就是"万物皆媒"。媒介终端可以任何形式展现,小到一枚纽扣,大到天空、海洋,都可以成为媒介。

麦克卢汉说,媒介即信息。纵观媒介发展史,媒介早已超越最初"中介"的概念,媒介的发展是时代发展的印记,代表着信息的发展历程(表1.1)。

表1.1 媒介发展历程、特点与手段

起始时代	媒介时代划分	媒介形式	特点	手段
远古时代	前文字时代	动作、声音、气味或者其他信号	在场、形塑、具象	动作、声音、气味等
公元前3500年到公元前3100年	文字时代	文字	视觉媒介	文字
约公元420年	印刷时代	书籍、报纸	视觉媒介、适合传达深度信息、受众要有一定的文化	版面、图片、文体

续表

起始时代	媒介时代划分	媒介形式	特点	手段
19世纪末	电子传输时代	广播	听觉媒介、时效强、保存性弱	语言、音响、音乐
		电视	视听媒介	声音、画面
20世纪六七十年代	互联网时代	网络	交互性、不在场	融合所有
21世纪初	新媒体时代	手机、移动电视、桌面视窗等	交互性、随时随地	融合所有
		万物皆媒	任何事物都可成为媒介	融合所有

(二) 媒介的功能

有一个著名的比喻,说如果把一个国家比喻成海中航行的巨舰,媒体就是这艘巨舰上的水手,也是瞭望者,随时监测着这艘轮船的航向,看看哪里有冰山,哪里有暗礁。美国传播学大家施拉姆说:"每一种传播媒介都发挥着重要的社会功能。也就是说,每一种传播媒介都好比是社会的守望者、决策的领袖与合作者、导师和艺人。"① 开展关于媒介素养的理论学习与实践,必须对媒介功能有所认知。

著名传播先驱哈罗德·拉斯韦尔曾经概括传播行为的三种社会功能,包括监测环境、协调社会以适应环境、使社会遗产代代相传。社会学家查尔斯·赖特又补充了娱乐功能。施拉姆是集大成者,他肯定了拉斯韦尔和赖特关于媒介功能的认知,提出媒介具有守望、引导、传授、愉悦等功能。

传播学者对于媒介功能基本认同一致,但大家都倾向于论述媒介功能的正面效果,而较少探讨媒介的负面影响。然而,任何一种媒介在操作不当时都会带来负面影响。

传播信息是媒介的基本功能,传播过度也会使信息爆炸,造成"信息垃圾",形成大量的"快餐式""碎片化"的无逻辑、低含义信息,甚至是虚假信息。在媒介作为守望者的社会监测功能中,拉斯韦尔提出媒介的"麻醉"负功能。也就是说,当一个人对于某一方面的信息接触过多时,会出现两种状况:过度恐慌产生应激性心理障碍,或是麻木、漠不关心。对于媒介来说,如果过于强调某种信息的威胁或者危险,可能会引起社会恐慌。

---

① 施拉姆,波特.传播学概论(第二版)[M].何道宽,译.北京:中国人民大学出版社,2010:33.

媒介的联系功能可以引导舆论,充当"意见领袖",尤其是在信息爆炸、真假难分的新媒介环境中,可以帮助大众厘清现实、辨别真伪。但有学者指出,媒介在坚持灌输观点时,也容易形成刻板成见,阻碍社会创新,引发联系障碍。媒介在传承文化上有优秀的表现,但也有学者指出,媒介传播减少了文化的多样性,使社会文化过于趋同,缺少生机,甚至使文化消亡。对于媒介的娱乐功能来说,大众娱乐的传播容易让人逃避现实、沉迷于媒介提供的媒介环境而无法自拔(表1.2)。

表1.2 媒介功能

媒介功能	正面	负面
媒介基本功能	传播信息	信息爆炸、垃圾信息
媒介守望者功能	社会监测	议程设置、制造恐慌
媒介联系功能	舆论引导	阻碍创新、联系障碍
媒介教育功能	传承文化	过分趋同、文化消亡
媒介商业功能	提供娱乐	逃避现实、娱乐至死

综上所述,媒介在传播信息、提供观点、制造娱乐、传承教育、创造联系、建立关系等方面发挥了极其重要的作用。但任何事物都有两面性,使用过度或者不当有可能带来负面影响。

二、新媒介"新"在哪里?

(一) 旧—新:媒介环境的翻天覆地

报纸、广播、电视被称为传统的三大媒介,自20世纪初一直"称霸"媒介江湖,作为受众的我们每天习以为常地接收着这些媒介传播的信息,也极其享受单向接收信息的过程。然而,随着基于数字技术的互联网的高速发展,传统媒介被迫接受消亡、迎合或改变之路,形形色色的新媒介的出现对于传统媒介来说,有摧枯拉朽之势。早有美国菲利普·梅尔教授预言2044年10月23日是美国报纸的终结日,现在又有杰·尼尔森预言在未来的几年时间里,大多数现行的媒介样式将寿终正寝。随着互联网而来的"媒介革命",具有史诗性意义。

以互联网和手机等为代表的数字化新媒介的出现及其对文明的意义,不亚于中国人发明纸张的意义。新媒介的出现及其影响是全面而彻底的,它不仅影响了人们的日常生活和思维模式，更对整个世界的经济、文化、政治等诸多领域产生了深远的影响。正是由于新媒介的迅速发展和巨大的影响力，新媒介一词成为学界讨论的热点，学界对于新媒介的定义也层出不穷。

什么是新媒介？美国 Online 杂志对新媒介的定义如下："所有人对所有人的传播。"保罗·莱文森于2011年首次出版《新新媒介》，并在2014年作了巨幅修订后再版。莱文森认为，互联网诞生之前的一切媒介都是旧媒介，其突出特征是自上而下的控制、专业人士的生产；新媒介指互联网上的第一代媒介，其特征是人们可以随意使用、欣赏并获益；新新媒介指互联网上的第二代媒介，兴盛于21世纪，其特征是消费者即生产者，且多半是非专业人士，一般免费，没有自上而下的控制。

从以上的定义中，我们可以看出学者对于新媒介的内涵与外延的理解因人而异。综上所述，本书倾向于新媒介是在"20世纪后期，依托于数字化、网络化信息处理技术，通过数字化交互性的固定或者移动的多媒体终端，向用户提供信息和服务的传播形态"。

根据中国互联网络信息中心发布的第55次《中国互联网络发展状况统计报告》，截至2024年12月，我国网民规模已达11.08亿人，互联网普及率达78.6%，手机网民规模已约等于整体网民规模。数据显示，我国网民规模和手机网民规模在近五年一直处于持续上涨趋势。可见，从时空维度来看，发布信息和接收信息都已经进入"随时随地"的移动互联时代（图1.1、图1.2）。

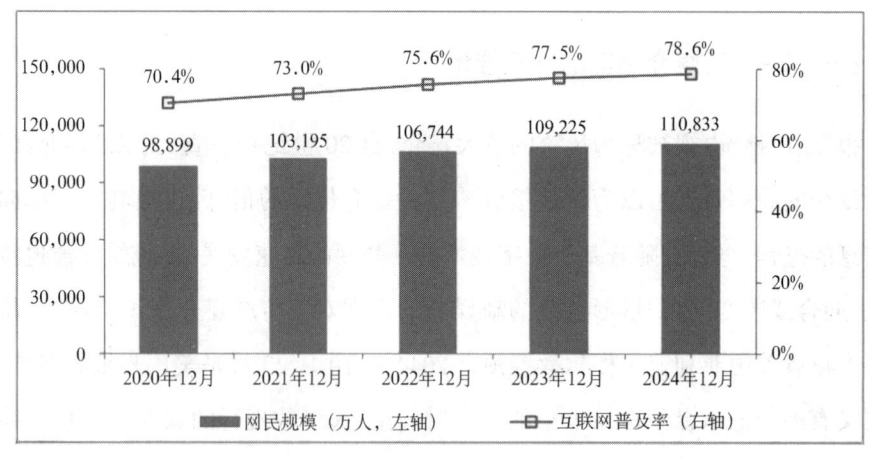

图1.1 网民数量和互联网普及率

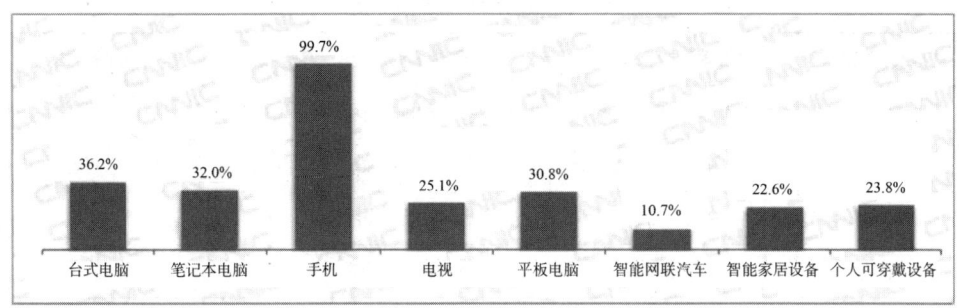

图 1.2　使用不同媒介人数占比

与网民数量的不断上升相比,传统媒介的份额却在不断下降。受众对传统媒介的接触时间不断下降。而报纸更是进入寒冬,近些年,已有数十家报纸宣布停刊,包括《北京晨报》《华商晨报》《法制晚报》《北京文摘》《新商报》《京郊日报》等,其中很多是当年显赫一时的纸媒。新媒介对于旧媒介的冲击是极其巨大的,新媒介对于信息的无限包容性、对于受众的个性化推送和精准定位,更是集合,甚至超越了所有传统媒介的优点,新媒介的蔚然成风使我们原本熟悉的媒介环境发生了翻天覆地的变化。

(二) 固定—移动:媒介观看的多维变化

自从电子媒介出现以来,人们接触媒介的一个非常重要的介质就是屏幕。从传统意义上的电影、电视,到现在互联网世界中的电脑、手机等,屏幕的尺寸、形状、材质、功能、厚度等无不发生着深刻的变化。从超大穹幕到纽扣般的小屏,从坚硬的直屏到可弯曲变形的柔软曲屏,从立体笨重的方盒到薄如纸张的小屏,从银灰色的金属屏到透明的显示屏,这一切的发展无不显示着科技对于屏幕的作用力。电影院银幕是靠外在的人工光源投映,电视屏幕是靠内附的电子显像管,从电脑到手机都是升级发展的各类液晶显示屏。从媒介属性来看,电影是带有仪式感的社交媒介,电视是联系家人情感的家庭媒介,户外大屏是置于公共空间的公共媒介,而网络时代的屏幕都是私人媒介。"屏"媒的发展意味着它不仅仅是媒介,其本身就是信息。

从"屏幕"的演进过程来看,从传统的电影、电视等二维屏幕,到电脑(PC)、平板、手机等网络时代的私人媒介,屏幕的呈现方式、影像属性、媒介属性、观看方式等都发生着深刻的变化(表 1.3)。

表 1.3　媒介"屏幕"演变史

媒介演变	"屏幕"显示来源	影像属性	媒介属性	观看方式
电影	外在人工光源投映	二维平面的虚拟影像	社交媒介	固定
电视	内附电子显像管	二维平面的虚拟影像	家庭媒介	固定
户外大屏	液晶显示器	二维平面的虚拟影像	公共媒介	固定
电脑	液晶显示器	多维异质混合影像	私人媒介	固定+移动
平板电脑	液晶显示器	多维异质混合影像	私人媒介	移动
手机	液晶显示器	多维异质混合影像	私人媒介	移动

　　对于传统的"屏"媒而言,位置是其重要的标志之一。在电影院,银幕处于观影厅中绝对中心的位置,所有的观众位置在银幕前方铺陈出去,环绕在银幕前。在观影时,全场灯暗,所有人都屏息凝神地关注着唯一的视觉中心,极富仪式感。当电视进入千家万户,电视成为家的视觉中心,往往被置于客厅或卧室的中心位置。

　　在互联网时代,媒介的"位置感"被消解,固定性被打破,媒介成为一种可随时移动的私人小屏,"屏"观看逐渐从群体观看、家庭观看,慢慢转变为个人观看,观看变得越来越私人化、个性化。目前,5G 网络在中国已普及。随着移动通信技术的发展,加上以智能手机为代表的屏幕终端的不断小型化,移动式观看应运而生。移动式观看既是指阅读者与阅读终端的位移,也是指阅读者对阅读内容随时随地的掌握。观看呈现出同时性和随地性的特征。跨屏使不同屏幕之间产生了深远的联系,也使用户对于观看时空有了更自由的把控。

　　早先,无论是戏剧、电影、电视还是电脑,都是以一种相对静态的方式呈现内容。在移动媒介时代,内容呈现发生显著变化,手机 App 就是基于这样的情况而出现的,如抖音、小红书等。与此同时,大量竖屏内容孕育而生。这些都是在移动互联网时代出现的观看方式的多维变化。

(三) 实—虚:媒介介质的交融共生

　　媒介融合是不同媒介之间的交互融合,包括传统纸媒、电影、电视、互联网、手机等,融合后产生质变,并裂变为全新的传播形态。在媒介融合的环境下,"屏"媒之间也产生了化学反应,互相融合,彼此影响。按互联网发展的进程来划分,屏幕的发展历程主要分为传统屏幕时代、数字屏幕时代和媒介融合中的虚拟屏幕时代。传统屏幕时代以电影、电视为代表,数字屏幕时代以电脑、平板、手机为代表。在媒介融合时代,屏幕的形式变得更为多样,甚至由可感可看的真实屏幕变成虚拟屏幕。

媒介景观的改变体现在从罗马环形剧场到电影院的银幕、电脑屏幕,再到虚拟屏幕,媒介渗透到人们生活和视觉的方方面面,媒介环境和媒介景观被重塑。尤其是当媒介介质走向虚拟化的阶段,人与媒介之间的软交互方式随之而来,感官交互就是其中的主要代表。除了身体的控制外,声音、呼吸、心跳、脑电波甚至是意念都可以成为"软界面",达到人机交互。

2012年,谷歌公司(Google)发明了一款智能眼镜,这款智能眼镜将镜片的中上部区域设置成半透明,可以叠加各种信息,并在此区域安放了一个小型摄像头,人们利用眼球的变化来控制这个区域。后来因为隐私权的争议和其他原因,谷歌眼镜在2014年发布第二代后就再没有更新,但这项技术研究在媒介发展进程中一直没有停止。

2016年,Snapchat公司推出智能眼镜Snap Spectacle,其复古的造型和极强的设计感让人印象深刻(图1.3)。人们摁一下左边镜架上的按钮,就可以拍摄一个10秒钟的短视频,相机采用广角镜头,更符合人眼的视角,能恰到好处地还原人的双眼所见。

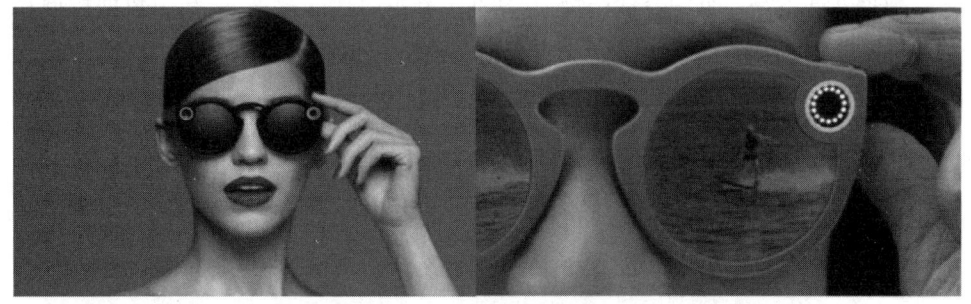

图1.3 智能眼镜Snap Spectacle

图1.4 Apple Vision

2023年,苹果公司推出Apple Vision(图1.4)。它具备增强现实(AR)和虚拟现实(VR)功能,配备高分辨率显示系统、先进的传感器和摄像头,支持眼动和手势控制,性能强大,交互方式十分先进。

从真实屏幕到虚拟屏幕,甚至是两种屏幕的融合互动,媒介介质由实到虚,互相交融,共同生存。

(四)单一——融合:媒介形态的全媒互动

在媒介融合时代,媒介从最初的制作、生产到最终的呈现都体现出从单一到融合的状态。从媒介生产角度来看,当前的媒介活动要求人们对选题策划、创意设计、市场推广、读者互动等环节全程参与、深度参与。当前,媒介领域的实践活动已不再是单兵作战,而是跨部门、多媒介、全媒体、团队式运行。

从媒介最终呈现的形态来看,以新闻为例,常见的传统新闻一般有文字新闻、广播新闻、电视新闻。在融媒体时代,新闻不再表现为单一的形式,它集合了多种传统新闻形态,采用全新的技术形式生产出前所未有的样式。融合新闻遍地开花,如数据新闻、H5新闻、移动新闻、动画新闻、VR新闻,等等。

信息只有和媒介终端相结合才能被受众看到。其实,各种信息也在寻找着各自更受欢迎的形式和更合适的终端,这种寻找过程其实也是实现媒介融合的过程。媒介融合是协同多方面力量达到一体化效果,资源共享,协同工作,把零散的信息全面组织起来,形成有效率、有价值的一个整体,其最终结果就是建设全媒体。

数据新闻就是一个融合性产物,它站在大数据时代的背景下,利用数据挖掘和数据共享的便利,通过数据的整合发现事物背后隐藏的规律。

目前可追溯到的第一篇数据新闻是1821年英国《卫报》上刊登的《曼彻斯特在校小学生人数及其年平均消费》。2010年后,中国主流媒体也纷纷涉足数据新闻领域,开辟专门的数据新闻栏目。财新新闻2017年制作的数据新闻《五环之外》,聚焦随着城市的扩张,北京的五环与六环之间、1600平方公里的特殊地域。这里介乎于城市与郊区之间,北京四成以上的常驻外来人口居住于此,既是普通居住地,也是奋斗起源地,是一代外来人口为之努力的地标。该数据新闻从居住密度、就业密度、房价、空气质量、公共交通、学校、医院诊所等12个角度,衡量了北京五环与六环之间的生活与景观,通过大量的可视化数据、文字、图片,让人们对这块特殊地域有一个概貌式的认知(图1.5、1.6)。

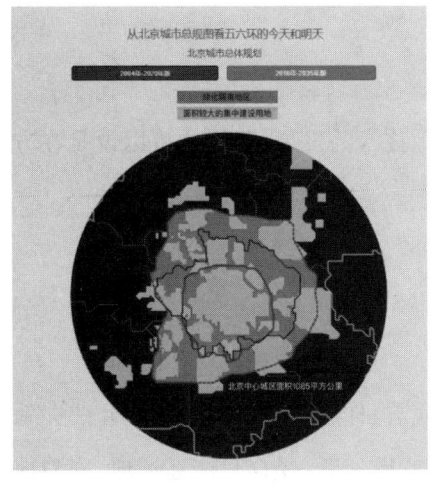 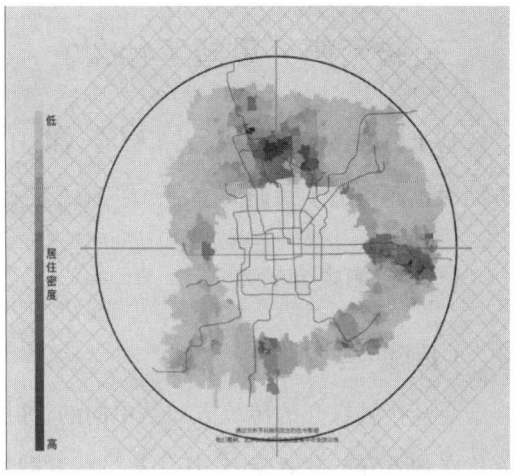

图 1.5 《五环之外》的今天和明天　　　　图 1.6 《五环之外》居住密度

人工智能是全媒互动融合性的产物,现在的人工智能可以在很多领域代替人们完成工作,首先面临挑战的是主持人工作。2018 年,新华社推出了全球首个合成新闻主播——AI 合成主播,其外形和声音来自新华社主播邱浩,是通过人脸识别、人脸建模、语音合成和深度学习等多项人工智能技术合成的(图 1.7)。AI 合成主播的声音、表情、动作都与真人一模一样。在 2019 年两会期间,新华社又推出了全球首个 AI 合成女主播——新小萌。新小萌的声音和外形来自新华社主播屈萌(图 1.8)。新小萌在两会期间投入使用,在很大程度上减轻了新闻主播的工作量,并给予受众新鲜体验。而 AI 合成主播不间断的工作模式真正实现了"宇宙不挂机,他就不休息;地球不爆炸,他就不放假"。

图 1.7　全球首个 AI 合成新闻主播　　　　图 1.8　全球首个 AI 合成女主播

三、被新媒介重塑了什么?

基于算法、5G、大数据、人工智能、VR、H5 等技术的发展,新媒介可以说是在方方面面重新塑造了我们的生活。

(一)接触媒介的方式

1.单向—互动

受众接触媒介的传统方式是单向的,你播我看、你放我听。受众与媒介的关系好比在观看春节联欢晚会,任凭演员载歌载舞、欢欣雀跃,受众只能远远地、安静地观看。电视媒介对人们来说像是一个神秘的盒子。2004 年的爆火选秀节目《超级女声》的播出,揭开了电视神秘的面纱,普通观众可以走进节目变成演出者,开始与媒介互动。当网络兴起后,这种互动变得越来越主动。马克·波斯特说:"当大众媒介转换成去中心化的传播网络时,发送者变成了接收者,生产者变成了消费者,统治者变成了被统治者。"①传播者与接收者之间的屏障被打破,信息的传播由单向转为互动。

德国接受美学代表人物沃尔夫冈·伊瑟尔提出了"文本的召唤结构",强调文本的空白性,从而召唤受众对创作者未完成的意义进行阐释,这种阐释便是交互。在媒介融合时代,人们与媒介的交互经历了从"硬交互"到"软交互",从鼠标键盘交互到触摸交互的过程。近几年兴起的虚拟现实技术则让身体、感官也成为交互方式,人的呼吸、声音甚至脑电波等都可以成为交互手段,控制屏幕,实现阅读。德国萨尔大学的研究人员甚至研究出一种电子文身,人们通过身上的文身就可以控制设备,实现交互。

同时,接收者也可以成为"二次创作者",网络游戏就是典型代表。很多网络游戏只有通过玩家的参与,才能展现游戏的全貌。有些网络小说在写作时仅完成 70%~80% 的内容,剩余部分由阅读者来完成,且结局多样。作为全新视频类型的互动视频,其特点是多支线、多选择、多结局,观众通过自由选择来观看不同的结局,通过剧情参与、内容探索等方式来获得独特的观影体验。在这些媒介信息的接

---

① 波斯特.第二媒介时代[M].范静哗,译.南京:南京大学出版社,2001:45.

触过程中,接收者成为"意义的阐释者和消费者"①,通过互动参与二次创作,形成新的消费模式。

2.距离—沉浸

传统纸媒的阅读仅需要阅读者的眼睛参与,传统"屏"媒时代的影视作品需要观众眼睛与耳朵的参与,全媒体时代则实现了手的触摸,以及脑电波、呼吸、嗅觉等其他感官的参与。受众的感官式阅读时代已经到来,并逐步走向娱乐化、场景化。例如,现在很多科技馆、博物馆中常见的4D电影、5D电影,需要受众充分调动其感官才能获得完整体验。

2016年是虚拟现实技术启动元年,虚拟现实技术已经全面参与到新闻制作、影视作品中,这带来的就是沉浸式接收信息的方式。美国广播公司ABC在2015年底开通了一个名为"ABC News VR"的频道,这是全球首个在新闻报道中采用虚拟现实技术的电视台。它运用虚拟现实技术将观众置于新闻现场,观众利用简单的数字头盔和数据手套,便可以沉浸于新闻现场。

联合国委托Gabo Arora和Chris Milk制作了VR纪实短片《锡德拉湾上空之云》,观众佩戴一副大"眼镜"和拥有中英文双声道的耳机,就会进入一位名叫Sidra的叙利亚年轻女孩的生活,眼镜中的视角是360°的。Sidra住在约旦的难民营内,活动范围非常狭小,小小的屋子、简陋破旧的面包房、一块小小的足球场、一间电脑房……这几乎构成了难民营生活的一切。VR纪实短片通过极强的立体感、沉浸感、参与感,让观众为之动容。"我们必须帮助他们!""要和平不要战争!"是大多数观众的留言。

虚拟现实电影也已经起步,但由于受到太多技术的限制,并没有快速发展。而虚拟现实影像被更多地运用在一些大型游乐场馆中。比如,洛杉矶环球影城花数亿美金打造的"哈利·波特的魔法世界",对于游客来说就是一次纯裸眼沉浸式的感官多维之旅。

沉浸感是一种"距离销蚀"的体验。这种体验有两种情形,即无距离式体验和剥夺距离式体验。前一种人们可以随时抽身回到现实,后一种的吸引力会强大到使人无法自拔,很多青少年对电子游戏上瘾的案例便是如此。

---

① 魏佳.数字时代艺术创作主体重构探究[J].新闻爱好者,2015(4):35-38.

3. 观看—社交

"不社交，无媒体！"这是很多自媒体账号对于新媒介的预测。也有人说，做新媒体其实就是在做社交关系。社交功能已经成为媒介的重要功能，而无社交关系依托的媒介、无社交属性的内容都无法存活（图1.9）。

图1.9　媒介社交功能

大量自媒体平台的兴起，使信息的传播变成了娱乐、分享和狂欢。这类平台以"六度分隔"理论为基础，该理论认为人们最多通过六个人的介绍就可以认识任何一个陌生人，而社交式传播也大大压缩了人与人联系的时间和空间。抖音、小红书这样的网络平台就充分体现了这种社交功能。

因为媒介的社交功能，很多人在自媒体平台上展现自我时会小心翼翼，分享信息时会左顾右虑。所以经常会有这样的情形出现：你展示的是你想塑造成为的那个人，而不是真实的你；你发布的信息是你想让别人看到的，而不是你真正想发布的。

新媒体账号在撰写文章时，为了所谓"10万+"的阅读量，可能牺牲新闻的真实性或者用吸引眼球的标题来吊足受众的胃口。文字无下限、制造恐慌、谣言满天飞经常是"10万+"的后遗症。

4. 订购—定制

早期传统媒介是订购式的。报纸是订购的，读者在每年年末订购第二年的报纸，每天有邮差将报纸送到家；电视是订购的，每年的有线电视费用从几百元到几千元不等，根据区域、订购频道数量而定。但是，用户是谁、用户喜欢哪篇文章或者哪个节目，媒体知之甚少。

媒介的双向互动性使得传播者可以通过大数据充分掌握受众的信息，包括年龄、职业、收入、性格、爱好等，然后根据受众需求定制其所需的信息。有句话说得好：媒介比你更了解你自己。定制式传播是在充分了解大众心理的情况下产生的新阅读模式，大数据的多维性、实时性、准确性为媒介的定制提供了充分的条件。

在大数据的支持下，受众的网络阅读会留下痕迹，对这些痕迹形成的数据进行分析，可以为媒介充分了解受众的心理和消费习惯提供全方位的参考与依据，实现信息与读者的适配。现在，很多App有类似的功能，在收集受众的阅读数据后，它们会为每一个受众精准推送他感兴趣的相关内容。而消费类App更是随时向受众推送他想买的相关物品。定制式传播是充分了解大众心理的信息传播模式，它与消费直接相连，为广告的精准投放提供了充分的条件。

信息为你而定制，骗局也会为你而定制。有些电信诈骗或者网络诈骗的受骗者，在回顾受骗过程时感慨：当时的自己就像被下了药一样听骗子的话，骗子比自己的爹妈还了解自己。大数据的发展也为骗子提供了空间，他们会利用网络痕迹来为某一个人精心定制骗局，往往一骗一个准。

(二) 人才培养的模式

在新媒介盛行的今日，媒介信息传播者的培养模式发生了巨大的改变。传统媒介记者只需两种技能：写稿和拍照片。今日的记者几乎都是全媒体记者，一人兼策划、拍摄、出镜主持、采访、写稿、编辑等多种工作于一身。

图1.10是2017年两会时期某记者的装备图，在一个穿戴于身上的支架上，连接了相机、手机、平板电脑、云台、话筒等多台设备，这个支架有"行走的机器人"之称。图1.11是2019年江苏卫视记者在两会报道的现场图片，这位女记者手持自拍稳定器完成直播，独自完成全部的采访拍摄。2016年，索尼为一款智能隐形眼镜相机(图1.12)申请了专利，这款智能隐形眼镜相机拥有眨眼拍照功能，让人真正实现"所见即所得"。口袋无人机、360全景相机、AR智能眼镜和智能录音笔，都被运用到各种新闻采访现场。这种智能化的"智能眼"和"全能耳"给记者带来了便利，也给受众带来了更加多元的新闻体验。记者已经成为媒介新技术的最先体验者和实践者。

图 1.10　两会某记者装备图

图 1.11　江苏卫视记者在两会现场报道

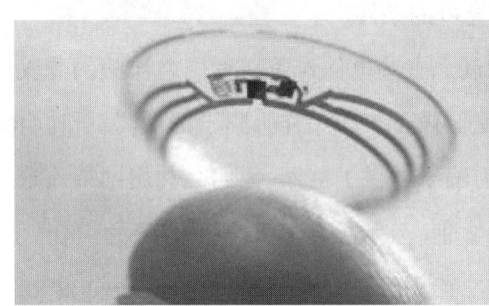
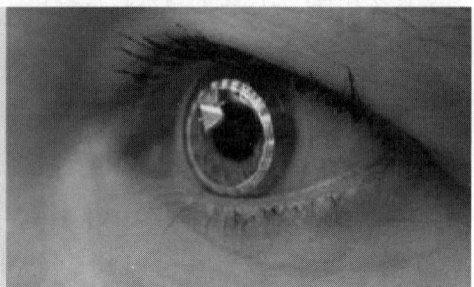

图 1.12　索尼智能隐形眼镜相机

今天,专业记者的培养是全媒体才能的培养。记者需要拥有主持采访、写作编辑、摄影摄像的能力,还要有新媒介技术的运用能力、批判思维能力、对信息的梳理解读能力、协调应变能力、数据统计分析能力、资源整合能力等。在自媒体时代,人人都可以成为消息的发布者。在专业性人才的培养上,相关人员应该严守底线、坚守职业道德,不断地学习和创新,专注多种新媒体能力的培养。

(三)理解世界的观念

科技越来越发达,世界越来越宽广。但同时,全球一体化、媒介大发展也使世界变得越来越小,麦克卢汉提出的"地球村"概念在今天被印证。

2017年1月,习近平主席在联合国日内瓦总部全面阐述了人类命运共同体理念。"命运共同体"思想已然涵盖政治、文明、发展、安全、生态等各个社会领域。2017年2月,在联合国社会发展委员会第55届会议上,构建人类命运共同体理念被首次写入联合国决议。构建人类命运共同体提倡在政治上互相尊重、安全上协商对话、经济上同舟共济、文化上尊重多样。

党的二十大报告指出,我们要"增强文化自信,围绕举旗帜、聚民心、育新人、兴文化、展形象建设社会主义文化强国,发展面向现代化、面向世界、面向未来的,民族的科学的大众的社会主义文化,激发全民族文化创新创造活力,增强实现中华民族伟大复兴的精神力量"。如何更好地讲好本国故事、发出本国声音、传递本国文化成为今天媒介发展的重要任务之一。"本国故事"是以一个国家为立足点,反映本国的主流文化、价值观念和本国人民审美追求的故事。从"故事"的传播图谱来看,故事的传播包括讲述者、讲述内容、讲述价值和讲述手法。讲好"本国故事"是构建国家形象的重要因素,是文化走出去、展现文化自信、沟通各国情谊的重要手段。

党的二十大报告指出,我们要"增强中华文明传播力影响力。坚守中华文化立场,提炼展示中华文明的精神标识和文化精髓,加快构建中国话语和中国叙事体系,讲好中国故事、传播好中国声音,展现可信、可爱、可敬的中国形象"。

我们要充分认识到,媒介传播是传播文化、体现文化自信的有效手段,媒介传播的方式就是"本国故事"建构的重要途径,媒介传播的内容就是"本国故事"的具体呈现,内容的聚合是国家形象的重要体现。在网络上爆火的李子柒就是一个典型案例。李子柒的视频都是关于农耕劳作、传统美食、传统文化等生活内容,视频呈现清新淡雅、不矫揉造作,画面讲究,内容丰富。她打造出中国农村令人向往的景象,也治愈了很多为生活奔波的人的心灵。很多国外网友是她的忠诚粉丝,赞叹她为沟通中外文化的桥梁,因为她而了解了更美好的中国。央视新闻是这样评论她的:"没有一个字夸中国好,但她讲好了中国文化,讲好了中国故事。"(图1.13)

图 1.13　李子柒视频截图

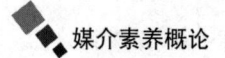

第二节　认识媒介素养

媒介素养由"媒介"和"素养"这两个词组成。"素养"一词由来已久,主要是指人的某种能力或者修为,如文学素养、科技素养、政治素养等。素养是依靠长期大量的教育、培训、实践等有目的的活动,以及环境等因素影响而形成的一种相对稳定、内在的品质结构和行为能力。英国学者凯丽·巴查尔格特认为:"素养是针对个人而言的,它是人一生中都要不断提高的修养。"①对于个人来说,素养反映了一个人的社会化水平;对于国家而言,素养反映了国民的整体素质。

媒介素养中的"素养"是基于"媒介"而形成的,有着相对的特殊性。上文说到,媒介是"信息传播的中介",所以直观地看,媒介素养就是一种指向传播中介的素养。然而,随着媒介技术的发展、媒介理念的提高和媒介内涵的扩大,媒介素养的内涵和外延都被大大拓展。

一、国外—国内:媒介素养范围遍及全球

20世纪是电子媒介的大发展时期,电子媒介相比之前的印刷媒介来说,声音与画面的丰富度远高于文字。受众对媒介的依赖度提高,对媒介素养的要求也逐步提高。媒介素养教育遂被关注,并被研究者正式提上日程。

1933年,英国学者利维斯在《文化和环境:培养批判意识》一书中首次谈到媒介素养教育。从此,欧洲、美洲的很多国家开始重视媒介素养问题。早期的媒介素养教育倡导者重视电子媒介的负面作用,认同电子媒介"中弹即到"的媒介效果论,从保护主义的角度倡导年轻人防范媒介的负面作用与精神麻醉。

从20世纪60年代开始,随着大众文化的发展与普及,学者们开始意识到大众媒介并非一无是处,提供资讯、娱乐乃至教育方面的信息都是大众媒介的功能。1963年,英国教育与科学部建议,应"训练青少年批判地看待媒体,学习辨别媒介传播的内容"②。加拿大在1965—1971年展开了"荧屏教育",以"鼓励学生分辨和

---

① 巴查尔格特.媒介素养与媒介[J].张开,译.现代传播(中国传媒大学学报),2005(2):18-19.
② 帕金翰,宋小卫.英国的媒介素养教育:超越保护主义[J].新闻与传播研究,2000(2):73-79.

抵制那些大众媒体带来的虚假和腐朽"①。从全面否定式教育到辨别式教育,这是媒介素养教育的重大转变。欧美学校开设了大量的课程,主要目的在于培养学生能用批判的心态审视媒介,在远离不良信息的同时接收有用信息。

20 世纪七八十年代,媒介素养教育在联合国和各国政府的支持下,逐渐成为一种终身教育。澳大利亚组织了一大批学者,就媒介素养课程、出版物、政策与法规等进行全面深入的研究。"随着结构主义符号学的兴起,媒介素养教育由此开始重视媒体语言所架构的环境与真正现实之间的关系和差别,要求青少年正确了解信息是经媒介更深层次地传播的特性,并认识媒介环境与经济、政治、社会等现实环境之间的关系。"②

从 20 世纪 90 年代开始,随着以互联网为代表的新媒介技术在全球的兴起,媒介素养有了更鲜明的时代特征。以英国为首的西方国家开始将多元开放的心态引入媒介素养教育,从抗拒转变为培养辨别能力,是一个从"授人以鱼"到"授人以渔"的过程。1992 年,美国媒介素养研究中心给出了如下定义:"媒介素养是指人们面对媒介各种信息时的选择能力、理解能力、质疑能力、评估能力、创造和生产能力以及思辨的反应能力。"③

美国数十所高等院校开设了媒介素养的相关课程。其中,约三分之一的院校开设了以"媒介素养"直接命名的课程,这类课程教授学生媒介素养的相关理论和实践知识。其余三分之二的院校开设了媒介素养理论和其他研究领域交叉的跨学科课程,这类课程大多以选修课的形式出现在学生的课程清单中。例如,美国马萨诸塞大学波士顿分校的学术研究团队意识到媒介是促成学生形成自身世界观体系的强大教育介质,他们开办了媒介素养课程(表 1.4 是该课程的设置细则)。该课程旨在让学生理性地分析和审视身边的各种媒介,通过对周边媒介环境的了解和研究,让学生去发现和控制他们所处的媒介环境,从而探寻到理解和创作优质媒介内容的方法与路径。

---

① 廖峰.解读加拿大媒体素养教育发展历程[J].湖北广播电视大学学报,2007(3):23-25.
② 王莲华.新媒体时代大学生媒介素养问题思考[J].上海师范大学学报(哲学社会科学版),2012(3):108-116.
③ 张玲.媒介素养教育:一个亟待研究与发展的领域[J].现代传播(中国传媒大学学报),2004(4):101-102.

表1.4 马萨诸塞大学波士顿分校的媒介素养课程设置细则

1	媒介素养概念厘清
2	我们大脑中的图像文本
3	学会善用视觉图像文本讲故事
4	小报
5	媒体与流行文化的关系
6	媒体及其存在发展的意义
7	同一性的创造
8	政治议程的创办与设置
9	媒体与技术的联系
10	数字真实
11	多媒体与赛博空间的联动
12	赛博技术的合成及运用
13	数字媒体工作室设置
14	可供选择的其他媒体样式

　　国内对于媒介素养的研究起步较晚。1997年，社科院的卜卫发表了《论媒介教育的意义、内容与方法》，中国学者逐步开始参与讨论这个问题。之后，郑保卫、尹鸿、郭庆光等一批学者的积极加入，使得媒介素养不仅成为理论热点，更促进了媒介素养学科的建立，并加大社会对于这个领域的关注。1998年，一套"素质教育文库"在暨南大学出版社出版，这是我国首套关于培养学生媒介素养能力的课外读物。2003年，基于公民对于网络媒介的忧患意识，《全国青少年网络文明公约》和《公民道德建设实施纲要》应需出台，国内对于媒介素养教育的重要性认知水平逐步提高。至此，越来越多的专家学者开始将目光聚焦在这个学术专题上。同年9月份，作为国内传媒类高校的示范和代表，中国传媒大学开始招收首批传媒教育类硕士研究生，并于次年10月8日至11日召开了"中国首届媒介素养教育国际研讨会"。这次会议以"创新、沟通、发展"为主旨，邀请了来自英国、加拿大等国家以及中国台湾和中国香港等地区的专家学者80余人，受邀出席的学者济济一堂，共同探讨适合中国国情的媒介素养教育理论，推动和发展了我国的媒介素养教育事业。

　　2004年，复旦大学成立中国首个媒介素养教育实践团队——媒介素养教育小组，陆晔教授组织并协调国内数十位新闻传播界的专家学者创立了我国第一个媒介素养专业网站。同年，上海交通大学成为我国第一所开设媒介素养教育课程的高校,上海走在了全国媒介素养教育的前列。此后,中国传媒大学、华南师范大学、上海交通大学、山东师范大学等高校也相继成立了媒介素养教育研究团队,并进行相应的学科建设和学术研究。至此,我国的媒介素养教育水平正式迈上一个崭新的台阶。

从国外来看,媒介素养起步于英国,在加拿大、美国、日本、澳大利亚等发达国家兴盛,并随着全球化的发展蔓延到全世界。

二、传统—多元:媒介素养内涵与时俱进

在20世纪70年代之前,各国对于媒介素养的定义比较一致:受众对媒介信息的接受与辨别的能力。但这类认知基本停留在对于印刷媒介和电子媒介的素养认识上。

随着媒介景象的日新月异、大众传播受众的不断分化和重组、新媒介的层出不穷,媒介素养的内涵和外延也在不断地更新和丰富。新媒介的交互性、海量性、社群性、共享性、个性化等特征,使得媒介素养的定义也更加多元化。

2005年,在美国新媒介联合会上发布的《全球性趋势:21世纪素养峰会报告》提出了"新媒介素养"概念,并将其定义为:"由听觉、视觉和数字素养相互重叠、共同构成的一整套能力与技巧,包括对视觉、听觉力量的理解与使用能力,对数字媒介的控制与转换能力,对数字内容的普遍性传播与再加工的能力。"[①]同年,胡莹、项国雄提出的较有代表性的媒介素养定义是"受众对各种媒介信息的解读和批判能力,以及在个人生活和社会发展中运用媒介信息的实践能力"[②]。至此,媒介素养将视角转向数字素养,并关注受众运用媒介信息进行实践的能力。

2018年,张开在《媒介素养理论框架下的受众研究新论》一文中将媒介素养与四种重要的媒介革命紧密结合,将文字传播之前的媒介素养归结为"口头表达技能""肢体语言的掌握";将第一次工业革命后兴盛的印刷术时代的媒介素养归结为"文字素养""报刊素养";将第二次工业革命后兴盛的电子媒介时代的媒介素养归结为"影视素养""广播素养";将信息社会时代兴盛的数字媒介和互联网时代的媒介素养归结为"数字素养""新媒体环境下的媒介素养"(表1.5)。

---

① 蔡骐,黄瑶瑛.新媒体传播与受众参与式文化的发展[J].新闻记者,2011(8):28-33.
② 胡莹,项国雄.传者素养:媒介素养教育的根本[J].传媒观察,2005(8):42-43.

表1.5 人类文化和媒介素养发展过程①

历史阶段	传播环境	新技能	社会文化结果
古代	口头传播、肢体语言传播、手写文字传播	口头表达技能、肢体语言的掌握	知识系统的建立和保护、哲学和科学的起源
第一次工业革命	印刷技术发明、报业出现	文字素养、报刊素养	语言学的起源与发展
第二次工业革命	电子媒介出现	影视素养、广播素养	媒介社会的形成、消费文化的流行
信息社会	数字媒介、互联网	数字素养、新媒体环境下的媒介素养	全球信息化、知识爆炸、知识社会

研究清楚媒介素养的发展历程及其与媒介发展史的联系后,我们再进一步深入探究媒介素养的具体内涵。2007年,吕巧平在《媒介化生存——中国青年媒体素质研究》一书中认为媒介素养由"媒介认知能力、媒介使用能力、媒介批判能力和媒介创造能力四个部分组成"②。笔者在2010年发表的《新媒体环境下受众的媒介素养研究》一文中,详细列出了新媒体环境下受众媒介素养的定义:首先素养内容大大扩展,包括新媒体本身与其中的信息;其次在素养培养过程中包括自我的、他人的和交互的三大类能力(表1.6)。

表1.6 新媒体环境下受众媒介素养的定义③

素养内容	新媒体本身 新媒体中的信息:字词、影像、声音、行为、技术等
素养培养过程	自我的:理解能力、辨识能力、分析能力、制作能力、传播能力等
	他人的:创造信息并使他人理解
	交互的:新媒体的交往素养

2013年联合国教科文组织发表了《全球媒介与信息素养评估框架:国家状况与能力》,概述了媒介与信息素养的三种要素:第一是通过应用媒介技术,获取、检索、存储信息和媒介内容的能力;第二是充分理解信息、媒介内容等,并进行辨识评估的能力;第三是生产、共享、互联与监督信息与媒介内容的能力。④ 2015年,卢峰在《媒介素养之塔:新媒体技术影响下的媒介素养构成》一文中根据受众使用媒介

---

① 张开.媒介素养理论框架下的受众研究新论[J].现代传播(中国传媒大学学报),2018(2):152-156.
② 吕巧平.媒介化生存:中国青年媒体素质研究[M].北京:中国传媒大学出版社,2007:21.
③ 魏佳.新媒体环境下媒介素养教育的途径[J].现代传播(中国传媒大学学报),2010(6):156-157.
④ 张开.媒介素养理论框架下的受众研究新论[J].现代传播(中国传媒大学学报),2018(2):152-156.

的不同需求,将媒介素养分为四个层次,由低到高分别为媒介安全素养、媒介交互素养、媒介学习素养和媒介文化素养(图1.14)。①

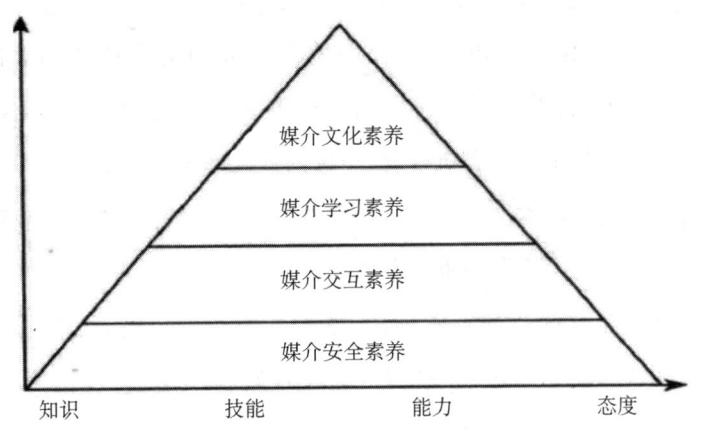

图1.14　媒介素养之塔

综上所述,媒介素养理论框架的研究主要针对两个方面:第一,肯定媒介素养是不同层次的能力;第二,强调媒介素养是一个需要不断掌握和学习,甚至需要不断创新的过程。本书兼用两者的观点,认为媒介素养是一种多层次的能力结构,也是一种需要不断更新的知识模式。其核心能力包括对于媒介的认知能力,即获取、存储、检索等;理解能力,即表达、质疑、思辨、监督等;对媒介信息的使用、生产、制作、传播等。其知识模式是通过一定的生活经历和教育途径逐渐积累与建立的,并且需要伴随社会与媒介的发展而不断创新。

三、自我提升—全民教育:媒介素养教育理念不断进步

综观学者对于媒介素养的研究,定义颇多,延展性也很强。其中有两个核心观点的认同率较高:一是把媒介素养视为一种自我能力与知识结构提升的能力;二是认为媒介素养与媒介素养教育应该更多面地结合起来,只有以人为对象,建立以提高媒介素养为目的的素质教育,才是研究媒介素养的终极目标。

教育是一个社会文明化的见证和过程,包括教育的主体、对象、内容、过程、目的等。

---

① 卢峰.媒介素养之塔:新媒体技术影响下的媒介素养构成[J].国际新闻界,2015(4):129-141.

第一,媒介素养教育的主体应该是政府。在媒介素养起步较早的一些国家,政府在推动提升全社会媒介素养过程中起到了重要的作用。如前文所说,媒介素养从发达国家起步并兴盛,并将优秀的理念推广到其他国家。而中国现在也非常重视媒介素养教育。2019年年初,教育部、中宣部发布《关于加强中小学影视教育的指导意见》指出:把影视教育作为中小学德育、美育等工作的重要内容,纳入学校教育教学计划,与学科教学内容有机融合,与校内外活动统筹考虑。这项意见就是一个非常好的体现,利用优秀影片开展中小学生影视教育是提高媒介素养的重要手段,也是丰富中小学育人手段的重要举措。

第二,媒介素养教育的对象是"人",既包括媒介的传播者,也包括媒介的受众。所以,媒介素养教育最先解决的是人与媒介关系的问题。现在,我们经常听到"媒介化生存"一词,说的其实就是媒介与人之间的关系。媒介与人之间是一种互相需要的关系,"媒"有人才称为"媒",而人也很难离开"媒"而独立开展活动。因为数字化和网络技术的发展,人作为媒介的受众地位逐渐改变,反客为主,并且从集体共享变为个体分享。

第三,媒介素养教育的内容主要为培养社会公民基本的媒介素养。在媒介发展进程中,公民所需的媒介素养也在不断改变和提高,从传统媒介素养演变为新媒介素养。中国博客网创始人曾经发出媒介素养的十六字倡言:"自由开发、平等表达、独立思考、宽容仁厚。"后来,陆续有人补充观点,如"诚实与公正、伤害最小化原则、承担责任原则",等等,这些都成为现代公民应该掌握的基本媒介素养。

第四,媒介素养教育的过程就是将媒介素养内化成人的基本素养。一个人从出生到长大,会被培养很多素养,如文化素养、艺术素养、劳动素养、科技素养等。这些素养慢慢成为一个人在社会生存的基本素养。媒介素养教育的过程也是一个内化的过程,通过技能培养、道德熏陶等方法,将媒介素养内化成人的基本素养。

第五,媒介素养教育的最终目的是缔造全新的生活观念,建立新的价值人生。这也是媒介素养教育最美好的目标。

第三节　与媒介素养相关的伦理和法律知识

一、掌握与媒介相关的知识结构

媒介是善变的,随着时代、科技的发展,媒介的呈现形式变得更加多元化,新的功能和意义也层出不穷。建构完整的媒介素养教育体系首先需要建构完整的媒介知识。媒介知识涉及广泛,包括媒介概念、历史、本质、功能,以及媒介传播的方式机制、媒介传播的文化理念等一系列的系统认知。媒介知识体系与所在国家的政治、文化、经济、科技等因素有着密不可分的关系。媒介素养教育往往倾向于一般媒介知识的介绍,而忽略对于媒介的生产机制、运行机制、监管机制等的讲解,这会造成学习者只知其一不知其二的结果。

成年人经常会觉得自己可以轻松面对纷繁复杂的媒介环境,青少年则不可以,但事实并非如此。在大量的案例面前,我们看到不论年龄、性别、职业如何,许多人因为缺乏足够的媒介素养而纷纷"翻车",甚至包括站在媒介前沿的媒体自身。

2020年2月9日晚,湖北仙桃某中学一位物理教师正在上直播课程,电脑突然跳出一个需要修复Flash播放器的提示。该教师为了不影响正常的网上教学,便点了"确认"。然而,这个操作却让他的电脑中了病毒,Flash更新变成了木马病毒,电脑突然自动播放不雅视频,时间长度在20秒左右。该视频被一些学生家长截屏发在了网上,学校对该教师进行通报批评的处理。该事件引发了网友的讨论:物理教师在整个事件中只是点了一个确认键,不知者是否无过?相关的浏览器和应用软件是否有相应的责任?将不雅视频二次传播到社交网络上的学生和家长,是否该被追究责任?这些问题都是当事人对于新媒介、新事物没有完整的认知而导致的。

媒体自身也存在同样的问题。2012年,江苏教育电视台《棒棒棒》节目请来了靠负面新闻走红的某位"网络红人",在节目录制的过程中,该网红撒泼打滚、大爆粗口。节目虽未正式播出,但因有现场观众拍下节目录制过程并上传至网络而引发关注。最终,因违背《广播电视管理条例》中的"教育电视台只能制作播出教育教学节目",擅自改变频道定位,违规制作播出低俗娱乐节目,为丑恶言行提供展示舞台,造成恶劣社会影响,败坏媒体形象,国家广电总局对其作出停播整顿决定。江苏省教育厅也给予了江苏教育电视台主要负责人、分管负责人和栏目制片人相应的处分,并宣布与《棒棒棒》节目编导解除聘用关系。

因此,掌握媒介相关知识结构,明确自身的定位和属性,培养良好的职业素质和个人道德,不仅对个人,而且对媒体都是极其重要的法则。

二、丰富媒介伦理知识

媒介伦理是指从事媒介信息传播活动的媒介实体、媒介工作者、媒介受众,在信息传播过程中表现出的道德规范、价值取向、行为规范、品德修养等。媒介伦理内化于传播主体的品格、习性和意向之中,又通过媒介信息传播表现出来,是在媒介活动中发挥着特殊作用的规范性调节体系。媒介伦理的形成是一个漫长的历史过程,受社会制度和个体因素的影响。

媒介伦理与法律不同。法律是刚性的,没有任何讨论的空间。而媒介伦理是柔性的,可以探讨,有时在一些灰色地带甚至发挥着至关重要的调整作用。媒介伦理与媒介素养有着紧密的联系,作为社会共识的媒介伦理越多,这个社会的媒介素养就越高,文明程度也越高。

在传统媒介发达时期,流传甚广的媒介伦理,如生命至上原则、真实性原则、最小伤害原则、善意原则、良知原则等,用今天的目光来看,也完全适用于新媒介。

2006年,吉林农民刘福成为救治患有先天性心脏疾病的女儿,向中国的六位富豪写信救助。有报刊发多篇追踪报道,对有捐款意向的富豪热情报道,对没有捐款意向的富豪点名批评。兰州女生杨丽娟从16岁开始痴迷刘德华,辍学后疯狂追星,父母多次资助女儿去各地追星,甚至卖掉了唯一的住房。为了让女儿见到刘德华,父亲以在香港自杀的方式希望获得关注。在整个过程中,一些媒体为了自身利益,安排杨丽娟与刘德华见面,在刘德华不同意的情况下,通过各种途径大肆报道,希望借此给刘德华压力。这些媒介的间接逼迫行为虽没有触犯法律,但违背了媒介行为规范和基本伦理。

除了媒体,网民在媒介事件中也经常扮演负面的角色。2007年,北京一位女白领因为丈夫出轨,写下"死亡博客"后跳楼身亡,她留下的"死亡博客"引发了网民的愤慨。网民开启人肉搜索模式,在网络上详细揭露了其丈夫的个人隐私,导致其正常的生活秩序受到严重影响,从而引出中国第一次进入司法程序的"人肉搜索"案。在事件发展过程中,网民自发的"网络审判"使男人受到不公允的对待,这些网民被人们称为"网络暴民"。

还有一类是新媒体时代出现的自媒体人,一些网络大V拥有数百万粉丝,他们的号召力不亚于任何一家中小型的传统媒体。在今天"流量变现"的规则之上,一些自媒体人为追求高点击率、煽动情绪、另辟蹊径,甚至采用离经叛道的观点炒作,脱离了基本的媒介伦理道德。比如,我们熟悉的微信公众号从2012年诞生到今天,已经走过了十多年的历程。在这十多年的时间里,有的人弯道超车,一夜成名,也有人仅仅因为一篇不合适的文章而迅速陨落,淡出公众视野。

公众号"二更食堂"隶属于二更集团,是一个拥有百万粉丝的情感账号,主打女性内容,号称是"有温度的自媒体"。而2018年5月11日的一篇文章却让它温度不在。2018年5月6日,空姐李某某通过滴滴叫了一辆顺风车赶往郑州,结果惨遭顺风车司机杀害。5月11日,二更食堂发表了一篇名为《托你们的福,那个杀害空姐的司机,正躺在家里数钱》的文章。全文用小说体的方式、夸张又猥琐的用词、低俗且露骨的语言描写了空姐遇害的种种细节,引起了读者的强烈不适。全文丝毫看不到对死者的尊重,看不到对凶手的谴责,而是用完全无底线的行文消费死者、博取眼球,10万+的阅读量被人们称为吃了"人血馒头"。因大批读者举报,该篇文章很快下线。二更食堂在当天晚上就通过公众号发文道歉,自认"一切无须辩解,辩解只会让错误变得更加丑陋;因为我们审核不严谨,而导致文中写下了与我们的初心截然相悖的字句。斯时斯刻,羞愧难当。"第二天,浙江省网信办、杭州市网信办联合约谈"二更食堂"负责人,要求严肃处理相关负责人,并限时提交整改报告。

5月13日,《人民日报》点名批评二更食堂,斥责其打着"做一个有情怀和温度的自媒体"的旗号,却毫无人性地、赤裸裸地描述受害者。蹭热度不可怕,可怕的是通过揭开受害者和受害者家属伤疤的方式蹭热度,这简直令人发指。"二更食堂"公众号被微信平台封号7天。随后,二更集团创始人发布致歉信,宣布二更食堂公众号永久关闭,同时免去CEO的职务,解除此次事件相关运营责任人的劳动合同。

二更食堂等自媒体的言论虽然没有触犯法律,但那些荼毒思想的言论已经触及了社会的道德底线,理应遭到摒弃。

拥有一台电脑就以为自己是记者,拥有一部手机就以为自己是摄影师,这种趋势是很危险的。所有的传播者都应该明白,任何媒介在传递信息时都应该具备一定的社会责任感和媒介伦理道德,保证信息传递的真实性和客观性,言之有物、言之有理、言之有情。

三、补足相关法律知识

法是由国家创制的,并由国家强制力保证实施的,普遍适用的行为规范体系。法的基本特征有权威性、公共性、目的性、强制性等,其权威性、强制性等特征明显区别于伦理的柔性特征。

法和法律这两个词在广义上是同义的。狭义上的法律是指全国人民代表大会及其常务委员会制定的规范性法律文件。法不仅仅表现为法律,还包括行政法规、地方性法规、部门规章等。根据对象和处理方法的不同,中国的法律分为七大部门法,分别是宪法与宪法相关法、民法商法、行政法、经济法、社会法、刑法、诉讼与非诉讼程序法。

国际上将规范媒介传播活动的法称为媒介法、传播法、大众传播法等。因为媒介的多变性,没有一个国家可以通过一部法规范媒介传播领域中的一切行为。中国同样如此,而与之相关的法律条例散见在其他法律文件和部门法中,如宪法、行政法规、地方性法规、自治条例和单行条例、部门规章、国际公约等。

在2018年的《中华人民共和国宪法修正案》中,与媒介传播相关的条例有第二十二条:"国家发展为人民服务、为社会主义服务的文学艺术事业、新闻广播电视事业、出版发行事业、图书馆博物馆文化馆和其他文化事业,开展群众性的文化活动。"第三十五条:"中华人民共和国公民有言论、出版、集会、结社、游行、示威的自由。"第四十七条:"中华人民共和国公民有进行科学研究、文学艺术创作和其他文化活动的自由。"

法律分为基本法律和基本法律以外的其他法律,一律由国家主席签署主席令公布。与媒介传播相关的法律有《著作权法》《广告法》《网络安全法》等。行政法规是指国务院根据宪法和法律制定的领导与管理国家各项行政工作的各类规范性文件的总称,与媒介传播相关的行政法规有《电影管理条例》《广播电视管理条例》《音像管理条例》等。与媒介传播相关的地方性法规、自治条例和单行条例有《江苏省连续性内部资料出版物管理办法》《山西省广播电视管理条例》等。部门规章指国务院所属部委和具有行政管理职能的直属机构,根据法律和国务院的行政法规、决定、命令,在本部门的权限范围内制定的规定、办法、实施细则、规则等规范性文件,如国家广播电影电视总局颁布的《电视剧管理规定》。与媒介传播相关的国际公约有我国于1992年7月1日加入的《世界版权公约》,1997年10月27日加入的《经济、社会及文化权利国际公约》。

法律关系是指法律规范在调整人们的行为过程中所形成的权利与义务的关系。其核心三要素为主体、客体与内容。媒介法律关系是指法律规范在调整媒介传播领域中所形成的各种权利与义务的关系。其主体包括媒介实体、媒介记者、政府、公民、法人等,客体包括物、行为、劳动成果等,内容涵盖具体的权利和义务。

近年来,媒介传播领域中的各类违法现象增多,各类媒介传播纠纷和媒介相关的诉讼数量不断递增,媒介法律关系中主体责任不明、客体归属不清,具体的权利和义务指向不确定。尤其是2000年以来,世界互联网大发展,在促进信息交流的同时也导致很多新型的法律案例出现。网络空间绝不是法外空间,我国对于网络媒介的管理正在探索和进步的过程中。

2000年9月20日,中华人民共和国国务院第31次常务会议通过《互联网信息服务管理办法》,以规范互联网信息服务与传播的活动。2011年,该办法根据《国务院关于废止和修改部分行政法规的决定》进行修订。此外,国家互联网信息办公室发布的《互联网新闻信息服务管理规定》于2017年起施行。同年,工业和信息化部印发《公共互联网网络安全突发事件应急预案》。2018年,公安部发布《公安机关互联网安全监督检查规定》。

其中,主要针对自媒体平台的"七条底线"和"九不准"原则传播较为广泛。"七条底线"是2013年在国家互联网信息办公室举办的"网络名人社会责任论坛"上,由网络名人达成共识提出的七条原则。"九不准"是《互联网信息服务管理办法》第十五条的具体规定(表1.7)。

表1.7 "七条底线"和"九不准"

"七条底线"	"九不准"
1.违反法律法规底线的;	1.反对宪法确定的基本原则的;
2.违反社会主义制度底线的;	2.危害国家安全,泄露国家秘密,颠覆国家政权,破坏国家统一的;
3.违反国家利益底线的;	3.损害国家荣誉和利益的;
4.违反公民合法权益底线的;	4.煽动民族仇恨、民族歧视,破坏民族团结的;
5.违反社会公共秩序底线的;	5.破坏国家宗教政策,宣扬邪教和封建迷信的;
6.违反道德风尚底线的;	6.散布谣言,扰乱社会秩序,破坏社会稳定的;
7.违反信息真实性底线的。	7.散布淫秽、色情、赌博、暴力、凶杀、恐怖或者教唆犯罪的;
	8.侮辱或者诽谤他人,侵害他人合法权益的;
	9.含有法律、行政法规禁止的其他内容的。

2017年6月1日实施的《中华人民共和国网络安全法》是我国第一部全面规范网络空间安全管理的基本法。这是我国网络空间法治建设的重要里程碑,是依法治网、化解网络风险、营造清朗网络空间的法律重器,是让互联网在法治轨道上健康运行的重要保障。

国家互联网信息办公室发布的《网络信息内容生态治理规定》于2020年3月1日起正式施行。该规定主要针对网络信息内容,首次以法规形式提出"生态治理"概念,旨在营造良好网络生态,维护国家安全,保障公共利益,保护公民、法人和其他组织的合法权益。

该规定对近年来网络信息内容的常见问题逐一进行梳理,依法治网。其中,该规定重点关注以下四个领域。

(1)全面关注网络新技术:近年来,人工智能、大数据、算法推荐、虚拟现实等技术迅猛发展,问题也接踵而来,包括对隐私数据的使用、算法推荐的价值观缺失等。《网络信息内容生态治理规定》首次以法规形式对此进行规范,如"明确平台的信息安全管理义务,包括不得传播违法信息,应当防范和抵制传播不良信息,鼓励在重点环节传播正能量信息,不得在重点环节呈现不良信息等"的"三不"基本要求。

(2)打击网络黑灰产行为:标题党、流量造假、非法交易账号等原本只能依靠媒介伦理约束的黑灰产行为可以以法规形式进行严厉打击。《网络信息内容生态治理规定》明确"使用夸张标题,内容与标题严重不符的信息内容""带有性暗示、性挑逗等易使人产生性联想的信息内容""展现血腥、惊悚、残忍等致人身心不适的信息内容""不当评述自然灾害、重大事故等灾难的"等属于八类不良信息。

（3）明确平台、用户等多元主体协同治理模式：依据网络人人参与互动的原则和信息传播的规律，《网络信息内容生态治理规定》将内容生产者、内容服务平台和内容服务使用者共同视为规制主体，明确"责任共担"的治理基础，明确彼此的权利与义务。

（4）重点关注未成年人群体：未成年人对网络有天然的亲近性和不可抗拒性，在没有形成完整的价值观之前容易沉迷网络。《网络信息内容生态治理规定》重点关注未成年人群体，如界定"可能引发未成年人模仿不安全行为和违反社会公德行为、诱导未成年人不良嗜好的"为不良信息；不得制作、复制、发布含有恐怖、残酷等妨害未成年人身心健康的内容，不得含有披露未成年人个人隐私的内容；鼓励网络信息内容服务平台优化信息推荐机制，坚持主流价值导向，设立"专门以未成年人为服务对象的网络信息内容专栏、专区和产品等"；"鼓励网络信息内容服务平台开发适合未成年人使用的模式，提供适合未成年人使用的网络产品和服务，便利未成年人获取有益身心健康的信息。"

第二章 理解篇

▶学习目标

1.了解融媒体时代新闻的真正作用。
2.分析在媒介提供给大众的内容中,娱乐的占比与作用。
3.思考广告带给我们的是越来越好还是越来越坏的生活。
4.思考我们离"真实"越来越远还是越来越近。

生活在信息时代,为了能够准确地选择和甄别海量信息,及时高效地获取实用内容,我们必须提高自身的媒介素养,而正确地理解媒介与信息便是提高媒介素养的一个关键环节。麦克卢汉说:"媒介即讯息。"媒介不但能够使人与人、人与物、物与物之间产生联系,其自身还是一种非常有意义的讯息。

随着融媒体时代的发展,媒介每时每刻都在影响着我们的生活,尤其是在新闻传播、娱乐活动、广告植入和信息获取中,媒介都扮演着重要的角色。但在互联网不断拓展的同时,媒介的强势发展也给我们的生活带来了许多负面影响。因此,如何客观理性地看待媒介与信息,正确地对其进行表达、质疑、思辨和监督,是当今社会不可避免的一个问题。接下来,本章将从媒介与新闻、媒介与娱乐、媒介与广告、媒介与真实这四个方面来探讨我们对于媒介的全新理解。

第一节 媒介与新闻

一、公民成为新闻报道的新主体

2024年12月,一名网友在参观巢湖市博物馆时注意到,馆内三件文物出现了霉变现象,其中一件更是布满霉菌,此外,博物馆内的部分文物介绍存在错误表述。该网友将这一发现发布到网络,迅速引起了广泛的公众关注。在受到网民的质疑和批评后,博物馆工作人员及时进行处理,清理了受损文物,并针对网友指出的各种问题进行整改。这一事件反映了在当今社会,公众不仅是信息的接收者,更在公共事务中扮演着越来越重要的监督角色。互联网平台为公众提供了发声渠道,使其意见能够迅速传播并得到回应。

在新媒体时代,随着媒介形态的更迭,新闻报道的话语权持有者从传统主流媒体更多地转向公民主体,互联网场域成为社会活跃度的最大变量,并顺势激活了"沉默的大多数"的内在活性。自从微博、微信、小红书等社交媒体兴盛起来,信息的"热力效应"营造出了良性媒介生态圈。

德国法兰克福学派学者尤尔根·哈贝马斯在《公共领域的结构转型》中提出了"公共场域"理论。哈贝马斯秉承马克思主义理论——"人是社会生产力集合中最活跃、最根基的因素",提出了"公众舆论"承载了大多数人的共同利益和自身意识的观念。该理论肯定和发展了公众群体的自主意识,引发了大众对于自身权利的觉醒和反思。相较于传统媒介信源与信宿之间协调的不对称性,今天的媒介消融了传者与受者之间的"代差"壁垒。社群化、平等化的媒介经营模式将符号资源的互助与共享的功能性优势放大,内容的输出者将自身的经验和见地裹挟在动态的信息传播中,在心理认同机制的作用下,这更有利于公众对于新闻信息旨趣的接纳与反馈。

特别是在我国这种差序格局的网络社会中,公民新闻模式的燥热与喧哗,不仅强化了公共媒介环境中"客我"的存在,使其内涵得以外延,发展了公众群体的"主体性"认识——信息采集、信息过滤、信息加工与发布的全流程都由公众自发完成——而且使社会"结构洞"之间的可接触性密度升高,从而调动社会实体之间的

"机会链",推动社会网络结构和资源运作模式的优化配置。

如今,随着新闻信息的高度公开化、透明化、公众化,"后真相时代"已经悄然而至。后真相与后现代观念"二元并行",而关于"公众新闻"的讨论方兴未艾。目前,学界正从多重视角去探讨其背后的隐忧与策略,这一点也同样值得社会公众和在校学子去自省与沉淀。

2024年2月,博主"猫一杯"发布了一段视频,声称在巴黎某餐馆的厕所里捡到一份小学生的寒假作业,并表示希望寻找到作业的主人"秦朗"。视频发布后,迅速吸引大量网友关注。随着事件热度的不断升级,许多自称与"秦朗"有关系的人纷纷出现在评论区,如"秦朗的舅舅""秦朗的妈妈"等,他们通过发布短视频和直播等方式进一步扩大了事件的影响力。

然而,随着事件的持续发酵,许多学校表示并没有名为"秦朗"的学生。事件开始受到质疑和反转,最终"秦朗舅舅"承认视频为虚构,其账号随即被封禁。整个事件的反转验证了"后真相"概念的准确性——情感和个人信念往往比事实更能左右公众舆论。

"猫一杯"事件揭示了"后真相"新闻的典型特点:情感化信息主导了舆论,虚假信息迅速蔓延并激发了强烈的社会情绪。尽管真相逐渐被揭露,但公众的情感共鸣和社会认同依然占据主导地位。在这一过程中,信息传播速度和社交媒体的互动性增加了事实被误解的风险,使事件的真相被忽视,公众的关注点逐渐偏离了事件的本质,事件中所包含的情感、价值甚至是人物评价代替了谎言与真相的辨别。

二、媒介融合成为新闻传播的新结构

近年来,在5G、大数据、人工智能、区块链等多样媒介技术的赋能之下,媒介生态环境的"新陈代谢"愈加蕃昌。媒介融合理念成为媒介体系未来发展的重要风向标,技术革新、内容制作和产业重组亟待当代媒体人去整合完善。

2020年9月中旬,中央广播电视总台"十四五"发展规划编制专家学者座谈会在北京顺利举行,会议围绕打造国际新型一流主流媒体、提升总台舆论影响力和国际传播力、推动全媒体产业升级,以及推动发展媒介融合等方面进行深度研讨。本次大会云集了业界学术界多名重磅专家学者,对于"媒介融合"这一核心命题进行精细入微的独到分析。中国传媒大学黄升民教授给出的建议是:"主流媒体必须具备强大的技术产业硬实力,通过数字化和市场化进行媒介体系的转型与融合创新。"①

图 2.1 赛亚智能 VR 遥控拍摄车

2020 年,央视将转型重心落到实处,在中国国际服务贸易交易会上,央视旗下的数字移动产品央视频展示了全新的数智化应用产品——赛亚智能 VR 遥控拍摄车(图 2.1)、无人机器人等。5G 的赋能、360 度全景跟踪拍摄和 AI 智能语音播报的产品功能升级,为央视直播业务的提升作好了重要的战略布局。央视作为国内主流媒体的领头羊,立足于媒介融合发展的风口,率先利用技术赋能与内容创新的红海战略完成了自身变革。

内容转型与技术业务性能的升级和互嵌不仅发生在中央媒体,省级地方媒体也在广泛拥抱科技的温度。2020 年 9 月 19 日,浙江卫视联合百度制作推出《百度好奇夜——浙江卫视 AI 艺术盛典》(图2.2)。整场晚会的直播流程紧密契合"给科技以温度,予好奇以舞台"的内涵旨趣,将当下时兴的数字科技,如人工智能技术、智能搜索系统、跨屏设置和人脸识别等聚合到晚会中。同时,晚会在接收终端采取"屏对屏"的联动输出模式,将传统电视媒介与手机移动端进行矩阵叠合,大大加强了媒介端与接收端之间的互融性。

图 2.2 《百度好奇夜——浙江卫视 AI 艺术盛典》现场直播

近年来,随着虚拟现实技术、增强现实技术和混合现实技术的发展,沉浸式新闻

---

① 中央广播电视总台央视新闻客户端.中央广播电视总台召开"十四五"发展规划编制专家学者座谈会[EB/OL].(2020-09-19)[2024-03-19].http://news.cri.cn/liebao/20200919/8089d3e3-3768-b1c1-433a-b1b8bf68cb8a.html? s=cm.

(VR新闻)兴起。VR新闻的出现是新闻生产机制重构的风向标。区别于传统新闻以新闻文本价值为核心的运作理念,VR新闻将制作靶向定位于用户群体的新闻性体验。复旦大学李良荣教授认为,VR新闻"是一种联动用户和新闻的新体态,将用户体验置于制作环节的核心地位,致力于'新闻体验'与'新闻参与'的复合标准"[①]。

2012年,导演诺尼·德拉佩拉提出了"沉浸式新闻"的想法,并制作了业界公认的第一部VR新闻纪录片《饥饿的洛杉矶》(*Hunger in L.A.*)。影片开头写道:"沉浸式新闻,新闻的未来,把你放进故事里。"(图2.3)

图2.3 沉浸式新闻《饥饿的洛杉矶》

2019年,《中国青年报》创新媒介融合,策划并制作完成了一系列沉浸式新闻。其中,《红军桥日记》打破了传统的阅读方式,第一次做到了将VR视频、音频和图文融合成一篇观看体验性极强的融媒体精品新闻(图2.4)。

图2.4 沉浸式新闻《红军桥日记》

数字技术的发展使媒介融合成为新闻发展的驱动力,而媒介融合也在多个领域被推向崭新的风口。

---

① 李良荣,钟怡.互联网新闻制作[M].上海:复旦大学出版社,2020:191.

三、泛娱乐化成为新闻事件的新趋势

在科技、经济快速发展的时代,"泛娱乐化"现象也充斥在当今文化语境之中。"泛娱乐化"中的"泛"可取"空泛""广泛"之义,指的是新闻媒介将内容空泛、谐谑滑稽、搞笑娱乐的文本因子注入原本涉及生活、政治、严肃议题等新闻事件中,以博取更多的用户关注度。娱乐性的新闻场域已经成为大众宣泄情绪的窗口之一。与此同时,在"泛娱乐化"现象普遍存在的时代,大众接收的信息文本开始出现不对称性、松弛性与同质化等特征。

在海量的网络新闻中,为了获取阅读量,部分自媒体会利用受众的猎奇心理,给文章取一些低俗狗血的标题,俗称"标题党"。如2020年7月,一则题为《小伙每天喝三瓶可乐患尿毒症》的新闻受到广泛关注。一位24岁的年轻人罹患尿毒症,已持续透析近十年。在患病之前,他是工地上的包工头,他在工作之余竟把可乐当水喝,一天最少喝两三瓶。这则新闻一出,立刻在互联网上激起千层浪。然而,经媒体调查,这个患尿毒症的小伙原本就有糖代谢障碍等基础疾病,喝可乐只是加重了肾脏负担。这类题文分离、标题娱乐化甚至带有明显误导倾向的"标题党"新闻会让受众对信息的真实性产生怀疑,严重影响媒体的权威性。

再如,2023年12月18日,甘肃省临夏州发生6.2级地震,造成百余人遇难,引发全国人民的关切。然而,在这场灾难发生之后,网络上却出现了一些不合时宜的自媒体言论,如"地震都过六级了,我还没过""不是地震了,是我的大金链子掉地上了",等等。这类题文分离、过度娱乐化的所谓"玩梗"行为与主流社会价值观背道而驰,消解了灾难报道的严肃性,损害了媒体的公信力。

2020年6月15日至17日,国家互联网信息办公室约谈了新浪微博相关负责人,责令自当月27日起为期一周暂停并整改微博热搜榜专项服务。究其原因,是微博热搜榜俨然已成为"热售榜"。就6月28日一天的话题榜单排名来看,前10名热搜都与当红娱乐明星的私人生活有关,泛娱乐化的社会舆论效应降低了社会严肃新闻公共议题的关注度。热搜效应这条"灰色产业链"背后浮现的是新闻内容的"去价值化",这不禁引人深思。在"泛娱乐化"的行业动态下,媒介工作者与受众都应该切实履行自我的社会责任,坚决抵制无营养、无意义的低质量新闻。当代媒介工作者应该树立良好的媒介素养观,自觉维护行业风气,规范行业内部准

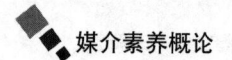

则,严控新闻质量,提高新闻入选标准,加强自律意识和责任心。与此同时,受众也应当提高自身的媒介素养,学会辨析新闻内容的质量,抵制不良信息的传播与推广,从自身做起,为互联网的良性生态建设尽一份力。

四、全媒体时代的新闻思考

在信息传播多媒体化、媒介形态融合化、接收终端聚合化的全媒体时代,我们需要静下心来思考:新闻带给我们的最重要的是什么?

时效性是新闻的基本特性之一,新闻讲究时间快、效果快、影响快。如今,新闻报道的话语权逐渐转向平民化主体,在社交平台与网络"双管齐下"的作用下,人人都可以成为新闻报道的主体。一件未经证实的"爆料"甚至可以登顶热搜榜,随之而来的是后真相式的反转与辟谣。在这样的舆论环境之下,时效性显然达成了其应有的目标,但事件的真实性与权威性却经不起推敲。正如英国前首相丘吉尔说的,"当真相还在穿鞋的时候,谎言已经跑遍了全城"。

2019年,《新闻联播》推出了一档短视频节目——《主播说联播》,每期节目由一位主播用大约一分钟的时间简评当下的热点新闻。这档节目在抖音等短视频平台播出后,受到大批年轻人的追捧。这样的内容一改《新闻联播》在人们心目中的严肃印象,既点评了时事热点,又在无意中拉近受众与传统媒体的距离。这种借助娱乐性提升影响力的举动,在媒介的进化过程中确实值得学习。

新闻形式的革新是媒介自我更新进程中不容小觑的一部分。随着融媒体平台的搭建和完善,新闻信息传递的形式从最初的单纯播报"进化"到现阶段的多样化输出。如2020年1月央视频推出创意慢直播,获得了受众的好评。

2024年全国两会前夕,新华社推出"AIGC绘中国""实景三维瞰代表委员履职"等系列报道,通过先进的AI视频向观众讲述代表委员的履职故事。两会期间,央视新闻还推出了"AI数'读'两会"系列短视频,运用AI技术介绍人大代表及其提案。AI技术赋能两会新闻报道,不仅提高了两会报道的制作效率,还让记者有更多时间和精力挖掘新闻线索,进一步提高了新闻报道的生产力、传播力和影响力。

在形式的不断创新之下,新闻的权威性、娱乐性、互动性等特征和谐共处,带给受众更多新颖的体验。随着媒介融合趋势的进一步发展,新闻传播的形式必然会进一步革新,而这样的革新在未来是否会"撼动"新闻文本价值的核心地位？受众在接收新闻信息的时候,首先看重的是信息本身还是新技术带来的快感？一味追求形式的创新是否会使新闻本身所要传递的社会价值观被掩盖？这些都值得我们思考。新闻在媒介融合背景下要走的漫漫之路,道阻且长。

第二节 媒介与娱乐
——我们真的会娱乐至死吗？

一、大众出场:媒介实现的话语赋权

赋权(Empowerment),也被称为"增权",是指一种参与的过程,有着极强的社会实践性。与赋权相关的理论研究和实际应用在西方社会科学领域被广泛探讨,随后传到中国。

新媒介技术和移动互联网的迅猛发展是赋权理论从应用到实践的助力东风,而智能终端在国内的普及,也为大众创造了前所未有的开放式信息空间,大众在这个空间里可以表达和质疑,这一切都是我们在传统媒体时代无法想象的。近两年,互联网技术开始向农村扩散,据商务部统计,截至2024年12月,我国农村网民规模达3.13亿人,占网民整体的28.2%。"全农码"累计赋码22.76亿个,"农事直通"App服务主体达106万。大众媒介在聚焦社会热点、体现社会问题、提供就业机会、聚拢社会资源等方面产生了无可替代的作用。

2020年11月,话题"藏族的康巴汉子有多帅"登上热搜。一位来自四川甘孜藏族自治州名叫丁真的藏族小伙因为一则短视频在网络上爆火。丁真在网络上的爆火缘于一位摄影师因在藏区记录人文风光而拍摄了丁真微笑的特写视频。虽然事情的开端十分偶然,但是这位藏族男孩的热度并没有在两天后消散,反而引发了一连串的"丁真效应"。其中,最具话题性的莫过于各地官微的在线互动,在"以为丁真在西藏"的话题上了热搜后,"四川发布"赶紧发声表示丁真来自四川,并@四川文旅和甘孜文旅推广甘孜藏族自治州。之后,西藏、青海等较为偏远的地区也借势为自己宣传。

随后,数据显示,甘孜藏族自治州的机票预订同比增长超五成,甘孜旅游团购

网上订单增长66%,理塘搜索量猛增620%,这强大的经济效应与媒介环境提供的强大传播力息息相关。随着新媒介的发展,技术赋权所引发的社会变迁进入了新的阶段,移动新媒介为城乡群体提供了一个新的交往场所,赋予了城乡同等发声的权利。例如,短视频平台快手推动的"打开快手,发现美丽中国"项目(图2.5),就希望利用互联网技术,让来自偏远地区的民众和城市民众一样有机会展示自我。

图2.5 "快手下乡"新闻资料

新媒介有助于乡村群体向城市传递来自乡村的价值与特质,展示家乡独特、自然、令人向往的风采,因为诗与远方在现代文明中仍然有着乡土性的吸引力。丁真的故事不仅是当地政府成功营销的典型案例,也证明了一条在新媒介时代,构建新型城乡关系的可行路径。

可以说,新媒介在一定程度上消解了信息传播的壁垒,更重要的是,大众传播媒介还为不同的群体带来了多样的价值观和生活态度,向人们展示了各类人群的生活风貌,体现出一种区别于传统的社会包容度。

但是,我们也要意识到,新媒介环境下的赋权同样存在问题与困境,这主要表现在大众媒介有时并不能赋予所有人平等的话语权,甚至在某些情况下会产生负面作用。虽然社交媒体中充斥着各类人的声音,这无疑是新媒介赋权、话语权下放的表现。但我们深入剖析可以发现,首先,能够发声的人群往往具有较强的表达能力和新媒介的使用能力,而真实的社会中依然存在着很多普通人,他们或无法使用新媒介进行表达,或是微弱的声音被淹没在信息的汪洋大海之中。其次,大众传媒遵循商品竞争的市场规律,由于经济利益的驱动,某些新闻与信息产品必然会追求经济利益的最大化。受限于社会现实和经济结构,新媒介的报道容易出现低俗化、媚俗化的现象,从而削弱新闻应有的理性与客观,不利于少数群体的身份认同和社会融入。

二、视觉刺激:媒介展示的观看快感

19世纪上半叶,随着摄影的诞生,一个新的艺术族群逐渐形成了,它就是与科技联姻的"传媒艺术"。传媒艺术与科学技术的发展紧密相连,媒介本身的传播性使艺术从最初的传奇性走向如今的日常化。

传媒艺术带来了图像,而图像消解了文字的逻辑与深度,它不断培养着人们的接受能力,让大众从理性逐渐走向感性。早在古希腊时期,人们就意识到视觉的重要性。之后,哲学家黑格尔更是提出了听觉和视觉同等重要的观点。可以说,在所有感官中,"看"与"听"是人类认识世界和审美的主要方式与途径,人类的生理基础为消费主义时代视觉文化的到来提供了基础条件。视觉图像作为这个时代最丰富的文化资源之一,是人们无法逃避的符号困境。而随着计算机技术的迅速发展,大众对于"观看"的要求也越来越高。人们不再满足于静态图像带来的视觉刺激,而更加沉浸于视频和虚拟现实技术带来的全新体验之中。从理论的角度来看,人的审美层次分为"知、情、意"三个阶段。第一个阶段停留在感官层面,指的是通过感官刺激认知审美对象;第二个阶段是在审美过程中产生情绪的波动与共鸣;而最高级的第三个阶段则是获得意义的启发、精神的满足。因此在接收图像传播时,人们首先运用的就是感官的感知能力,其后才有内涵与价值的生成。但是,在当前视觉文化传播繁盛的时代,人们常常面对的情形是,五花八门的图像系统直接诉诸感官,大脑已然停止从"知"到"意"的思索和探寻。

当下最能凸显以上情况的,莫过于全民刷短视频。从2017年开始,短视频的日活跃用户增长迅速,用户的使用习惯迅速成型。作为新媒介的代表之一,短视频已"成功"占据人们大量的时间与注意力。如果说图像消解了文字的逻辑与深度,那么短视频则进一步以直观和非线性的影像填充着人们的信息流,满足着人们无止境的视觉欲望。

与长视频不同的是,短视频要在一分钟内迅速捕捉受众的注意力,这意味着短视频要有足够的视觉冲击力和戏剧性。以抖音为例,这种短视频逻辑最具代表性的是身体的狂欢与消费,并且短视频中的身体表演并不只依赖俊秀的外貌,几乎所有的创作者都自觉地奉行着奇观化的表演策略。从时尚的美女帅哥到各种搞怪的身体表演,从对身体极限的挑战到为博眼球而尝试危险行为,这一切以短视频为传播媒介的行动不以生成意义为目的,而以流量和利益为第一驱动力。

短视频以"有趣"为导向建立精准而高效的推荐机制,也为人们的视觉消费提供源源不断的"养分"。但是,当我们在满足感官快感的同时,还要保持理智,分辨其导向的是真善美的享受还是低俗恶的沉沦。

李子柒的视频以自然和人文为主要内容,在国内外社交平台上深受网友的喜爱。究其原因,并不是她的视频有多深刻的思想内涵,而是其中展示的生活,对内,唤起了中国人意识深处的田园情结,古风美人、山水、草屋、灶头等组合成一系列具有意象的画面,触动了观者的视知觉;对外,视频展现的中国传统农村图景和优秀传统文化吸引了无数外国人的目光,为中国文化的输出起到了积极的作用(图2.6)。

图 2.6 李子柒视频

从美学的层面来看,短视频乃至影像的繁荣体现了数字技术在审美层面的巨大潜力。但目前,我们面临的现状是短视频消费正朝着泛娱乐化的方向发展,视觉狂欢消解着人们审美的深度性。随着5G时代来临,新媒介技术让视觉图像以人类前所未见的形式延伸着人类的感官功能,如何在技术发展造福于感官的同时维护内容的人文深度,是一个越发严峻的问题。

三、文化产品：媒介提供的文化消费

随着互联网的快速发展，植根于网络经济和网络环境的网络文化已成为当代文化的重要组成部分。同时，互联网技术的变革也深刻影响着网络文化内容的生产方式与形态。从传统文化被移植到网络所带来的数字化发展，到产生于网络的"本土"文化显露出非传统性的特征，再到当下网络文化多源头、全媒体、跨平台的繁荣传播局面，网络文化不仅为传统文化烙上了新媒介的痕迹，还产生了一系列有自己独特"基因"的语言风格、审美趣味、类型样式以及生产与传播机制。

就文化内容生产而言，当下大部分的网络文化产品仍然顺应着大众化、专业化、组织化的内容生产模式，如博物馆、图书馆等传统文化产业的数字化发展，电视台、报纸等传统媒体以新媒介为载体进行信息的发布，网络电影、网络综艺节目的制作等。不过，也有一部分文化内容越来越倾向于个性化、非传统、去中心化的生产方式，其主要特点表现为生产的重心由创作产品转向生产优质 IP。网络平台在网络文化内容生产中占据主要地位，它不仅为众多非专业、非组织的生产者提供了大显身手的舞台，还因极强的互动性模糊了生产者与消费者的身份，如微博、豆瓣等平台。总体来看，我们可以将网络文化内容的生产模式大致分为专业内容生产（PGC）和用户内容生产（UGC）两类。

哔哩哔哩网站（B 站）是当下用户内容生产的重要领地，其早期是 ACG（动画、漫画、游戏）爱好者进行内容创作和分享的视频网站。截至 2024 年第四季度，B 站月活跃用户高达 3.4 亿，日活跃用户突破 1.03 亿，用户平均年龄为 24 岁。作为年轻群体高度聚集的视频平台，B 站网络文化内容的生产方式已较为成熟，不仅在首页有细分领域，如动画、音乐、番剧、游戏、鬼畜等，而且每个垂直领域都有大批创作力旺盛、创作语言符合青年亚文化语境的内容创作者。2020 年 4 月 15 日，B 站建站以来首个拥有千万粉丝的 UP 主诞生，他就是 bilibili2019 百大 UP 主"老番茄"。至 2025 年 3 月，他在 B 站上积累了 1962 万粉丝（图2.7）。

总体来看，"老番茄"发布的内容大部分属于"游戏类"垂直领域。但与其他的游戏主播不同，"老番茄"作品的独特之处在于，他非常擅长用电影的叙事技法对游戏进行解读，在游戏设定的基础上进行二次创作，并且剪辑、配音、文案、动画都保持了专业级的水准。"老番茄"的作品有着当下网络文化内容生产的典型特征，

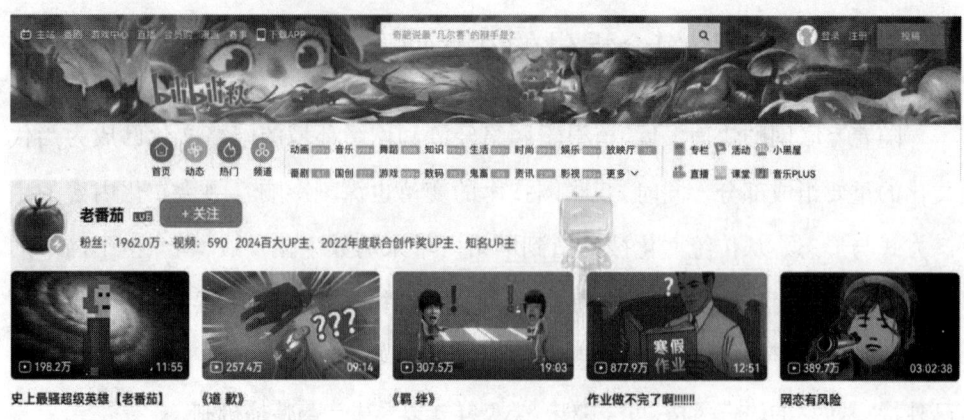

图 2.7 哔哩哔哩网站及用户"老番茄"资料

即将旧元素拆散，重构拼贴成具有全新文本意义的内容，这种具有后现代意味的视频创作深刻改变了主体原本的形象，并增添了更丰富有趣的意味。此外，"老番茄"之所以能够成为 UP 主中的标杆人物，还因为他在现实生活中是一位保研复旦大学金融专业的高才生。他的出现在一定程度上打破了互联网上"网红就是草根出身，通过博眼球而出圈"的刻板印象，也代表了有趣而优秀的青年一代可以通过互联网创造出有价值的内容。

当下的网络文化产品，不论是网络自制剧、网络电影、网络综艺节目，还是自媒体创作者产出的内容，都以网民的接受与消费为前提。在这个过程中，人们消遣的目的被满足，娱乐的阈值也在不断提高。而新媒介在为人们尤其是青年一代提供源源不断的文化消费时，不仅要充分发挥主流文化的包容性对青年群体进行引导，还要切实提高青少年的媒介素养，在树立正确价值观的同时，鼓励健康青年文化的传播。

四、娱乐至死：网络群氓的集体欢腾

法国社会学家涂尔干在《宗教生活的基本形式》一书中提出了"集体欢腾"的概念，其实质是一种超越个人的群体力量，内部具有高度的亢奋性和群体性。[①] 而"集体欢腾"无疑代表了当下网民的网络空间生存形态，一旦有值得讨论的热点事件出现，网民便会自动"抱团"构成群体，不亦乐乎地为该事件的传播"添砖加瓦"。"集体欢腾"具有一定的整合性，常常是社会舆论的风向标，所以在维护社会秩序和伦理

---

① 涂尔干.宗教生活的基本形式[M].渠东,汲喆,译.上海:上海人民出版社,1999:206.

道德时具有一定的作用。但同时,“集体欢腾”又有着聚合群众“法不责众”的侥幸心理和盲目从众的狂热性,可能引发非理性群体性事件。

2020 年暑假,悬疑网剧《隐秘的角落》热播,男主角带岳父岳母爬山后将他们推下悬崖的剧情令众网民毛骨悚然。然而,剧中的犯罪行为却让不少网民抖起了机灵,以“一起爬山吗”为话题刷屏,并且掀起了传播剧中角色表情包的热潮,淘宝上甚至还出现了配上剧中图片的“爬山专业陪游、专业摆造型拍照”等购买链接,网民对“爬山梗”玩得乐此不疲。网民将影视剧剧情代入现实生活本无可厚非,但对犯罪行为和杀人犯形象的恶搞与追捧则是无原则的盲目跟风。

更恶劣的现象发生在 2020 年 7 月,杭州市来女士失踪案告破,警方出于保护隐私和防止模仿犯罪的原因对案件进行了适度公开。然而,有关来女士案嫌疑人作案手法的讨论一直没有停止。一些网民凭借网上或真或假的消息编造着一出出“凶案剧本”。

为此,抖音安全中心下架了 17 万条以上的相关违规评论、3 万个以上的违规视频。不少媒体称这是“年度第一烂梗”,中国法院网也在 7 月 28 日以《“化粪池警告”?别拿悲剧开玩笑!》为题发布评论(图 2.8),表示将凶杀案娱乐化甚至以调侃的方式对他人进行威胁恐吓,不仅暴露了扭曲错位的价值观,还是对公序良俗的挑衅和对法律规则的漠视。对现实中暴虐的行径,我们应当毫无保留地予以谴责

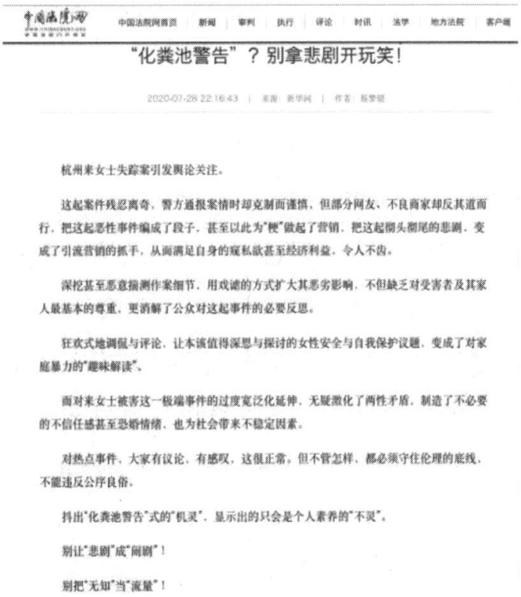
中国法院网首页 | 新闻 | 审判 | 执行 | 评论 | 时讯 | 法学 | 地方法院 | 客户端

“化粪池警告”?别拿悲剧开玩笑!

2020-07-28 22:16:43 | 来源:新华网

杭州来女士失踪案引发舆论关注。

这起案件残忍离奇,警方通报案情时却克制而谨慎,但部分网友、不良商家却反其道而行,把这起恶性事件编成了段子,甚至以此为“梗”做起了营销,把这起彻头彻尾的悲剧,变成了引流营销的抓手,从而满足自身的窥私欲甚至经济利益,令人不齿。

深挖甚至恶意揣测作案细节,用戏谑的方式扩大其恶劣影响,不但缺乏对受害者及其家人最基本的尊重,更消解了公众对这起事件的必要反思。

狂欢式地调侃与评论,让本该值得深思与探讨的女性安全与自我保护议题,变成了对家庭暴力的“趣味解读”。

而对来女士被害这一极端事件的过度宽泛化延伸,无疑激化了两性矛盾,制造了不必要的不信任感甚至恐婚情绪,也为社会带来不稳定因素。

对热点事件,大家有议论,有感叹,这很正常。但不管怎样,都必须守住伦理的底线,不能违反公序良俗。

抖出“化粪池警告”式的“机灵”,显示出的只会是个人素养的“不灵”。

别让“悲剧”成“闹剧”!

别把“无知”当“流量”!

图 2.8　中国法院网评论《“化粪池警告”?别拿悲剧开玩笑!》

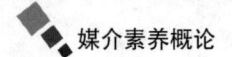

和声讨，不可无下限地进行玩弄和消解。

我们真的会娱乐至死吗？这里可以借用奥地利心理学家、精神分析创始人弗洛伊德的人格结构理论进行回答。该理论认为完整的人格由三大部分组成，即本我、自我和超我。所谓"本我"就是每个人本能的我，它处于潜意识之中，遵循"快乐原则"，蕴藏着人作为生物的种种原始欲望，以身体的舒适愉悦和精神状态的放松为目的。"自我"是面对现实的我，它存在于意识结构中，奉行"现实原则"，在后天的学习和成长中选择了一条折中的道路，一方面满足"本我"的原始欲望，另一方面遵循社会秩序，是"本我"和外界环境的调解者。"超我"是道德化了的我，它存在于前意识中，遵循"至善原则"，通过接受教育、价值观念和社会理想的影响逐渐形成，帮助人们在做事情的时候用理性来进行自我约束，更好地控制"本我"的冲动。

我们结合弗洛伊德的人格结构理论，可以发现当下的泛娱乐化现象不仅缘于互联网和大众媒体的发展，更深刻的原因是人天生就是追逐娱乐的生物。尼尔·波兹曼早在20世纪80年代就针对电视节目中存在的泛娱乐化现象进行了讨论和批评。他在《娱乐至死》中指出："一切公众话语都日渐以娱乐的方式出现，并成为一种文化精神。我们的政治、宗教、新闻、体育、教育和商业都心甘情愿地成为娱乐的附庸。"[①]而麦克·费瑟斯通从文化分支角度，较为中立地看待泛娱乐化。他认为泛娱乐化是包含在后现代主义文化中的一种倾向：人们对待文化不是以一种崇高敬仰的心情来顶礼膜拜，而是"沉溺于折中主义与符码混合之繁杂风格之中，对文化表面的'无深度'感到欢欣鼓舞"[②]。对于娱乐至死的警钟早已敲响，以后也不会停止，因为流量的价值、生活的快节奏、社交媒体的透明性让人们甘愿沉溺于消遣与娱乐中，共同编织出美好而虚幻的生活图景。

然而，问题在于，真实生活不是只有无尽的快乐，消费主义甚嚣尘上时常会掩盖生活的真相。所以，当人们不断反思"我们是不是会娱乐至死"这样的问题时，当人们在狂欢中敲响过度娱乐和过度消费的警钟时，当有良知和社会责任感的公众话语依然把握着社会的底线时，我们虽享受娱乐，但还不至于娱乐至死。毕竟泛娱乐时代并不代表"本我"已经取得了压倒性的胜利，"自我"与"超我"仍然会在需要的时候站出来。

---

① 波兹曼.娱乐至死[M].章艳,译.桂林：广西师范大学出版社，2004：4.
② 费瑟斯通.消费文化与后现代主义[M].刘精明,译.南京：译林出版社，2000：11.

总而言之,媒介的泛娱乐化现象会腐蚀人们的思维方式和审美能力,但我们不能过于悲观。随着时代的发展,如何让社交媒体承担起更多的社会责任,如何纠正泛娱乐产生的不良现象,要依靠全民媒介素养的提高,这关乎广泛而深刻的社会进步,任重而道远。

第三节 媒介与广告
——广告带给我们越来越好还是越来越坏的生活?

一、碎片化空间中广告的入驻

人类历史上有两个由"科技"划分的重要的历史阶段:前工业社会和后工业社会。在前工业社会时期,人类的生产方式是自给自足,以生产为中心,也就是我们常说的"为生存而奋斗"。在这个时期,消费是一种稀有物,是上层社会标志的象征,被少数群体占有。因为科学技术的高速发展,后工业社会的物质生产呈现"爆炸"增长的趋势,消费逐渐成为中心,消费水平不再是划分社会差异的标准,而趋向大众化和平民化。

广告是商品经济的产物,广告的繁荣与工业文明的发展程度息息相关,工业化发展需要生产、流通、消费等各个环节的疏通,任何环节的断裂都会对整个社会产生重大影响。同时,媒介理念的进步、媒介技术的发展也增加了广告的艺术性、传播性,广告的传播度高反过来会促进整个社会的消费与生产。所以,加大生产、扩大流通、促进消费,是政府、社会、企业与受众的共同目标。

广告迅速发展的显著特点就是信息的碎片化传播。媒介形式极大丰富,传统媒体、新媒体随处可见、唾手可得,媒介的碎片化导致受众注意力分散,传统媒体的影响力势必减弱。为了应对受众注意力的分散,企业的广告投放逐渐呈现出多向化特征,广告预算被多重分割,广告投放的碎片化特征也越来越明显。

仅就城市中的户外媒体而言,就有车身、站牌、候车亭、移动电视等媒介形式,视觉信息的碎片化现象十分严重。我们每个人或许都有这样相似的经历:早晨醒来睁开眼睛,打开手机 App,各种广告就出现在手机屏幕上;出门走进电梯,四周贴满了各式各样的广告;在地铁通勤时,目光所及之处皆是广告——地铁广告牌、灯箱、站牌等;公司附近的商场的 LED 大屏上循环播放着各类广告……(图 2.9)广告已经无孔不入地渗透进我们每个人的生活,也难怪有人说我们的生活是由空气、水和广告组成的。

图 2.9　生活中随处可见的碎片化广告

二、社会化媒介中广告的入侵

随着科技的发展,媒介自身也在不断地发生改变,广告就是其中一种。从最早的硬广告,到后来电视剧、电影、综艺节目中随处可见的植入广告(软广告),再到现在比较新颖的交互式广告,新媒体的诞生让广告行业焕发了新的活力。由于互联网的不断普及,时空的界限被打破,新媒体让广告传播变得更加快捷方便,体验式广告应运而生。消费者不再是被动地接收广告信息,还可以使自己进入广告,去生产信息。

从拉斯韦尔的 5W 传播模式理论来看,过去的传播只是依靠消费者、媒体和广告之间的单向关系或者线性互动。随着新媒体的崛起,广告传播需要依赖这些要素的多元互动。如今,这些多元互动更是发展出场景互动、情景互动。

首先,无论是对媒体还是广告主来说,用户都是一种很重要的资源。可以说,用户就是"资本",就是"眼球"。对媒体来说,与用户的关系从过去的"一对多"变成了如今的"一对一"。如抖音、快手这类的短视频平台,就实现了媒体和用户的实时互动。用户可以通过短视频平台获取自己想要的信息和服务,也可以直接参与、留下评论,甚至制作、发布短视频。对广告主来说,无论是传统的投放广告,还是借助新兴的社交平台投放广告,都是希望与用户建立长期而稳定的关系。

其次,社交媒体与各类用户建立起错综复杂的交互关系,根据用户不同的地域、生活方式、兴趣爱好、学科领域等,给用户构建了不同的"圈子",这些"圈子"有它们自己的特性。如小红书上分享生活的专业化、豆瓣上各类分组的专题化、大众点评和美团的服务化、抖音短视频的娱乐化,等等。这也给广告主带来了全新的挑战——利用这些不同的关系和特性,把握更精准的用户群。

当然,在当代网络信息的高速传播下,不同的媒介生态环境需要不同的营销模式,而大数据的参与让广告效果与销售结果的评估迅速体现。同一产品广告在不同的社交媒体中的投放形式各不相同:微信通常是利用熟人之间的转发、评论,或在较长的高质量文章内夹杂广告;微博作为相对活泼的社交平台,使用文字和图像相结合的宣传方式更为合适;而短视频则是利用流动的影像来吸引用户的注意。值得注意的是,如今的短视频平台风格不同、定位不同,通过大数据的精确计算,能更加准确地投放不同价位、不同风格的产品。

宝马就是一个善于利用广告和熟知媒体特性的品牌。早在互联网刚刚兴起的2001年,宝马公司就聘请了全球知名的8位导演,为宝马制作了 *The Hire* 微电影广告合集,每部时长为10分钟左右,开创了微电影广告的先河。这8部微电影广告风格各异,通过精彩纷呈的剧情将宝马的品牌特性植入观众心里。播放当年,宝马的公众知名度和销量都比前一年上涨了12%,而该系列微电影广告在四个月里的播放量超过1100万次。

在短视频刚刚走红的2018年,宝马公司就注册了抖音企业号,以宣传全新宝马X系列。抖音是一个汇集年轻、创新、自我等元素的短视频平台,而宝马X系列也将目标人群定位在29岁以下的年轻、适婚、精英人群,两者在受众选择上比较一致。为推动全新宝马X3的宣传,宝马公司聘请赵又廷和宋佳出演微电影广告《神奇爸爸》。除此之外,宝马公司还推出了11支短视频,内容有如何一键到位、如何一步搞定、如何好好说话等,以生动、有趣味的方式展现了宝马X3的功能、亮点和强劲性能(图2.10)。本次宝马X3的宣传活动带动宝马品牌主页访问量44.9万次,粉丝增加26.9万人,主页视频观看量增加108.5万次,主页点赞量增加61万次。抖音有效地帮助宝马吸引了有一定消费能力、自信的年轻人。

图2.10 "宝马中国"在抖音的广告

近年来,随着营销方式的升级换代,越来越多的广告开始使用"创意中插"这样一种既能有效宣传产品,又不让用户反感的广告方式。这种"夹心式广告"不仅常见于短视频中,还越来越多地被用在电视剧、网络剧、网络综艺节目、网络直播中。一些古装剧、年代剧中运用现代广告品牌的元素,新鲜有趣,让观众在观看剧集时不经意地接收广告的宣传,提升了广告的到达率。

三、物的绽放:经济与文化的繁荣

消费水平是经济社会的晴雨表,能直接反映一个社会的经济繁荣程度。抛开单纯的商品交易关系,消费作为一种行为,其行为目的和方式本身就映射着社会的科技发展、文化表现等。人作为社会关系中天生的消费者,除了追求个人的经济效益和精神满足外,还将消费视为文明的见证。在近代工业社会中,人们对消费的需要早已超出了单纯的使用价值的范畴,而更多地追求商品的时尚价值与商品背后的阶层文化。

广告主要通过勾起人们的消费欲望来达到刺激消费的目的,以多样化的方式作用于观众的感官层面,意图在人们心中塑造某种消费观,激发其购买欲。比如,洗发水如今已经成为中国家庭极为日常的消费品,而在20世纪80年代,国人对于洗发的概念还没有那么明确、对于洗发的需求还没有那么强烈时,海飞丝用广告告诉我们"头皮屑"是一种非常可耻的存在。它在广告中设置了几个非常重要的场景:找工作即将成功的签约期、男女朋友的热恋期等,在这些关键时刻,对方看到我们肩膀上明显的头皮屑,结果就非常尴尬。于是,"去屑"在很长一段时间内成为人们购买洗发水的重要目标。随后,其他洗发水品牌如飘柔、沙宣、霸王等开始打造其他消费理由,如柔顺有光泽、留香持久、防脱发等,又为洗发水领域制造了很多的消费需求甚至是消费信仰。

"时尚"是由广告创造的一种价值体系,正因为消费者渴望通过这种价值体系来逐渐靠近自己心中渴望的"阶层",广告才得以不断利用这种消费心理去生产新的时尚,如此,更多的消费者加入这个循环。在这个循环中,广告赋予了商品区别于使用层面的"价值"。准确来说,这种"价值"植根于消费者心中的阶层性,它作为一种符号化的东西不断刺激消费者进行更高阶层的消费。这又带来了另一种循环:消费者越是追求这种虚无缥缈的价值,广告就越快地进行再生产。奢侈品广告就是一类典型案例。在奢侈品广告中,富人的生活被标榜为一种高端生活,在无形中深化了阶层性,相应地提高了人们的消费欲望(图2.11)。

你可以轻易地拥有光阴,但无法轻易地拥有江诗丹顿

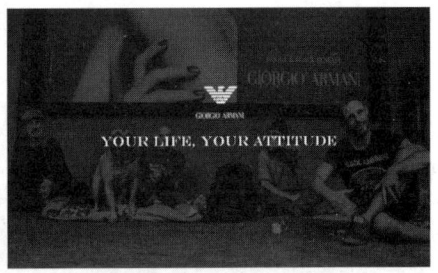
阿玛尼:欧洲时尚生活的缔造者

劳力士:从未改变世界,只是把那留给戴它的人

百达翡丽:色彩的王国,意大利风格,独特珠宝镶嵌工艺的创新者

图2.11 奢侈品广告

明星、企业和传媒在广告文化中各司其职,形成一种非常稳定的社会关系:明星自带基于粉丝的社会影响力,传媒作为载体和媒介发挥传播价值,企业则是资本的所有者。在文化传播的过程中,明星通过传媒发挥自己的影响力,企业通过资本调动传媒和明星,三者以利益相结合,以引导消费为最终诉求和目的。"双十一"是中国电商崛起的现象级事件。"双十一"作为我国独有的"人造节",其运动式的促销活动成为我国电商业高速发展的助推剂。《2024年"双十一"全网销售数据解读报告》显示,2024年"双十一"期间,综合电商平台、直播电商平台累积销售额为14,418亿元,同比增长26.6%。其中,综合电商平台销售额为11,093亿元,同比增长20.1%,天猫占据销售额榜首。直播电商平台销售额为3325亿元,同比增长54.6%。

2009年是淘宝运作"双十一"的第一年,第一年全天销售额仅为0.5亿元,而2021年销售额为5403亿元,短短13年,销售额上涨如此之高,令这个原本普通的日子变成全民消费狂欢日,成为一种令人瞩目的现象级事件。"双十一"的丰厚战果创造了零售行业中的"中国奇迹",充分体现出中国作为全球第二大经济体的雄厚实力。艾媒咨询的统计数据显示,2009—2024年,中国电商平台"双十一"成交总额呈上升趋势(图2.12)。

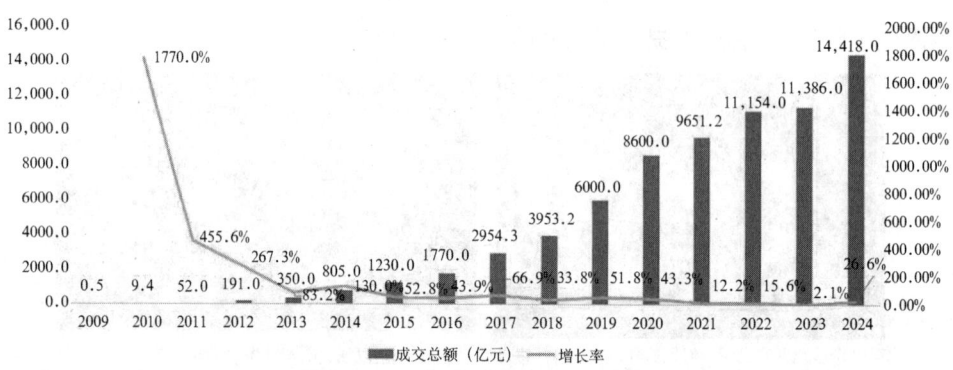

图2.12 2009—2024年中国电商平台"双十一"成交总额

"双十一"不仅激发了市场活力,带动了很多小微企业的发展,改善了收入分配结构,更促进了百姓的消费,可以说,"双十一"成功地激发了各个年龄段消费者的积极性。在这场消费盛宴中,企业是推动者,消费者是参与者,各种消费平台在媒介技术的助力下百花绽放,而直播平台就是这几年兴起的促销方式。在2024年的"双十一"预售首日,李佳琦直播间的表现尤为亮眼,加购金额同比增长超过20%,首日售出超千万件国货产品,销售额近4亿元,累计观看人数突破3亿大关。

在这种消费趋势的带动下,很多明星走进直播间,纷纷开始带货。这种由明星直接推销商品的形式吸引了无数的消费者。

不过,这种消费模式也带来一些企业、销售平台、明星之间权责利不明的事件。2020年11月13日,国家网信办发布《互联网直播营销信息内容服务管理规定(征求意见稿)》,对当下热门的直播带货的各方责任作出厘清,除提出相关部门的监管职责外,还明确了直播营销平台、直播间运营者和直播营销人员在互联网直播营销中应承担的责任。

四、沉迷刺激:消费与拜物的盛行

广告在消费社会的基础上迅速成长,从而形成了一种社会暗示,将人们心目中的需求与欲望一步步放大。广告主按照收入、年龄、文化背景把人们划分为不同层次的消费者,并尝试去吸引他们。广告让人们心安理得地认为:和我差不多的人都用这个牌子的东西,我也要买!

古斯塔夫·勒庞在《乌合之众》这本社会学经典著作中写道:"群体通常总是处在一种期待注意的状态中,因此很容易受人暗示。最初的暗示,通过相互传染的过程,会很快进入群体中所有人的头脑,群体感情的一致倾向会立刻变成一个既成事实。正如所有处在暗示影响下的个人所示,进入大脑的念头很容易变成行动。"[①]对受众的了解与分析是广告研究中相当重要的一部分。早在20世纪初期,广告心理学之父沃尔特·斯科特就说"对人的心理产生影响是广告的功能之一"。

在导致消费堕落的原因中,社会的过分崇拜占很大一部分比重。消费在制造阶层分级的同时,也在规范着生存竞争中文明的有序性。但是,消费行为又强化了物与人之间的相互依赖关系,因此,消费世界的"平衡"逐渐开始倾斜,以至于整个社会的经济发展、社会生产甚至文化活动都会被消费动力所控制。法国社会学家让·鲍德里亚对此有着非常透彻的研究,他的著作《消费社会》《物体系》都深刻地揭示了消费行为背后的政治经济逻辑。

中国铁路物资华东集团有限公司原业务员罗某平时追求极致的个人享受,沉迷网络游戏,为了在虚拟世界里摆威风,花费40余万元充值和雇代练,经常豪掷千

---

① 勒庞.乌合之众[M].冯克利,译.北京:中央编译出版社,2000:28.

金购买奢侈品。为满足个人高消费,他将公款占为己有。深圳某网络公司员工龙某,平时沉迷酒吧的高消费,为满足私欲,编造其孩子生病、打离婚官司等理由向13名同事借款20余万元,最后东窗事发。类似的新闻比比皆是,拜金主义和消费主义越来越多地影响着年轻人,用奢侈品堆砌出来的虚假身份、虚假形象带来了一些消费幻象。

今天的消费已经演化成一种文化和生活方式,成为人们认识世界的方式之一。广告与媒介互为载体,广告借助媒介强大的传播能力,将自己转化为消费文化的一个分支。现如今,广告本身具有的经济意义已经在消费市场中牢牢占据一席之地,并理所当然地推进消费结构的重装升级,解构消费社会的权利分配。当广告文化入主消费环境之后,便能调动、刺激消费行为,从而使社会生产和消费行为在某种程度上达到一致。

为了打破消费者心中的平衡感,创造能刺激消费的阶层感,广告往往会用明星效应来取得社会认同感,通过消费者对权威人物的信任和相当程度的"跟风消费"心态,取得预期的收益,使消费者浸入广告文化建构的物化环境中,无形中增加不必要的消费,这就是消费社会的自发结果。广告让每个观看的时刻都呈现"戏剧化"效果,使人们把紧张提升到狂热的程度,唤起消费者的情感共鸣,以此拉近距离,最终完成以获利为目的的商业活动。

美国前总统罗斯福说:"不做总统,那就去做一个广告人。"这句话足以反映广告这个行业对人的吸引力。不可否认的是,越来越多的商业广告正在悄悄地改变着经济市场,给消费者带来了便捷、舒适的生活。公益广告也为我们这个社会作出了积极的贡献,净化了人们的心灵。我们需要知道的是:广告本身是没有错的,只要人们用正确的态度去对待广告,那么它一定会让人们的生活变得越来越好。

第四节　媒介与真实

——我们离"真实"越来越远还是越来越近?

2020年,综艺节目《奔跑吧》第四季第六期设计了一个有趣的实验:当面对碎片化信息时,人们会进行怎样的判断。具体事件为李晨自导自演了一出被打事件,并顺势把责任推给了身旁的沙溢,整期节目围绕沙溢是不是真的打了李晨,给出若干相关的图片、视频、采访等信息供嘉宾和观众甄别。而在节目最后,嘉宾和观众选择了错误的事实。导演说出这样一番话:"现在,大家对于信息的获取非常便捷,但接收信息的时间和方式非常碎片化,很可能因为一张图片、一个视频片段、一段采访、一篇文章而相信一个所谓的'事实'。"李晨虽然在实验中赢了,但流下了眼泪,他说:"我希望每个人都能成为有自己想法和独立思考能力的人,不要人云亦云受其他信息的影响。"确实,有时候你看到的不一定是事实,你以为的事实不一定是真相。

一、网络传播:享用丰富多彩的信息盛宴

互联网的诞生使人类的传播活动发生了巨大变革,网络技术克服了传统媒体在时间和空间上的局限性,催生出了具有先天传播优势的新媒体。新媒体借助互联网平台优势和高科技技术,使信息传播更加快捷便利,使传播主体和受众的交互性增强,使传播手段和传播形式丰富多样。新媒体时代的网络传播呈现出的渠道多元化、信息海量化等特点,给大众带来了丰富多彩的信息盛宴,让受众随时随地能获得任何想要的信息。

《人民日报》的新浪微博账号"人民日报"已经拥有1.55亿名粉丝,发表的微博总数达到16万余条。人民日报通过网络社交平台,利用图片、短视频、动画等技术手段,实现了新闻内容与社交网络的完美融合,克服了传统媒体在时间和空间上的局限性,提高了新闻的时效性、可看性和交互性(图2.13)。

图2.13 人民日报微博账号

人民日报社新媒体中心发挥自身优势,使用各种新媒体技术,多方面报道两会新闻,如制作Vlog记录人大代表的两会一天、开创微博热点话题"爱聊两会"、绘制漫画讲述两会主题等。人民日报的一系列线上报道精品,不但解决了两会报道的难题,还增加了大众对两会的关注度和了解度。2024年全国两会期间,人民日报社新媒体中心发布创意AI视频《AI共创大片|江山如此多娇》,通过AI技术展现祖国的壮丽风光。该视频以"新的春天,新的起点,一起奔赴下一场山海"为主题,带领观众领略新视角下的祖国的美丽景观,也为新闻媒体借助AI推动内容创新提供了新思路。在融媒体时代,创新是核心竞争力,谁的报道更有创意,谁的关注度就会更高。人民日报社教科书式的报道模式充分体现了主流媒体对互联网技术的创新使用,给媒体从业者起到表率作用(图2.14)。

图2.14　人民日报社新媒体中心关于两会的报道

Web2.0时代的信息传播发生了全新变革:传播主体呈现出高度去中心化和开放性的特点;所有人都可以在网络上发布和传播信息,与网友共享信息内容;传播媒体从报纸、书籍等发展到智能手机、电脑等新媒体,从而出现了新旧融合的多媒体、融媒体时代;传播内容不再局限于文字和图片,而是涵盖了音频、视频、超链接等多种多样的信息符号,并且可以被无限量储存;传播速度达到了实时追踪的程度,人们可以跨越时空界限获取最新动态,随时随地掌握世界各地的新闻。

"知乎"是一款关于知识生产的App,近年来非常受年轻人欢迎。截至2024年第三季度,知乎平均月活跃用户达8110万人,平均月订阅会员达1650万人,每天都有数以万计的用户在知乎上发问和答问。知乎如此受欢迎的重要原因之一就是它含有海量的知识,用户能在平台上浏览到不计其数的话题内容。知乎通过话题更新、问题更新、用户更新等形式,将信息投送到不同的用户首页中。只要用户关注的话题出现了新的问题和新的回答,动态都会实时出现在用户的首页信息流中。

但是,随着知乎的用户规模不断扩大,平台的内容迅速增加,一些低质量、无意义的问题也会出现在用户首页中,从而导致一些精彩提问和优质回答被淹没在信息流中,难免让用户感到眼花缭乱、难以选择,进而出现浏览疲倦、失去提问和答题的兴趣。因此,知乎只有提高问题过滤门槛,才能保持自身的生命力和用户的积极性(图2.15)。

图 2.15 知乎首页界面

二、虚拟在场:围观他人叙述的媒介事件

激发大众的激烈情绪是当今媒介的一个常用手段,即调动大众情绪而使人们忽略新闻事实的本质。"戏剧化"的本质是娱乐性,它是大众文化的一个重要特性,能够引起受众激烈的情感共鸣。然而,过度"戏剧化"会导致新闻的虚假和空洞。就像上文中提到的《奔跑吧》节目中导演设计的环节,嘉宾和观众因为相关碎片式的图片、视频、采访等信息而作出了错误的选择,这种选择是带有强烈个人情绪的,而不是通过独立思考和甄别所决定的,仅仅通过片面的信息就认定事实并不是一种理性对待新闻的方法。

很多影视作品对这一概念有比较深刻的诠释。1998年,派拉蒙影业出品的电影《楚门的世界》就讲述了一个生来被世界虚拟围观的人——楚门的故事。他所有的一切都被多方位摄影机记录并传送到观众眼前,当最后真相揭晓时,楚门竭尽全力走出了虚拟世界。英国电视4台于2013年创作的《黑镜》第二季《白熊》,也讲述了一个被虚拟围观的故事。一个失忆的女人遇到很多奇怪的事情:被人追击、被人枪击。在这个过程中，无数人用各种拍摄设备对准她，却无人与她交流，也无人营救她，所有的围观者都只是冷漠的看客。

2020年5月30日，一名微博网友发文，称自己的女儿于2019年12月10日在学校遭到了老师的严重体罚，并且出现大口吐血、高烧不退的症状。12月底，孩子由于高热体温损害神经系统造成的手抖后遗症而无法继续学琴，小提琴生涯就此终止。这条微博在发出后获得了四十多万的转发量，网友看到触目惊心的图片和文字后义愤填膺，女儿的老师顿时被送到风口浪尖。一时间，她的个人信息和照片都被曝光，遭到了无数网友的谩骂和唾弃。而正当网友怜惜女孩的遭遇、痛骂老师的时候，2020年5月31日，警方通报事情真相：因为孩子在学校被老师罚跑了几圈，该母亲为扩大影响而编造谣言，通过注册微博、微信等账号的方式，冒用其他家长的身份恶意散布传播谣言，还雇佣专业人员进行网络炒作。照片里的"血迹"实为化妆品和水，女孩目前的健康状况良好。真相被揭露之后，网友纷纷大跌眼镜。

在谣言散播的短短两天内，一众网友被恶意捏造的假消息煽动情绪，在消息还没有被证实的情况下就肆意进行人肉搜索和网络暴力，这不仅没有达到抵制校园体罚的目的，还严重损害了老师的名誉。互联网时代的网络隐蔽性和匿名围观使得大众对新闻评论的成本很低，每个人都能发声，都能改变真实新闻的走向。在这场"罗生门"式的事件中，当事人被虚拟围观，各种声音使网友陷入了新一场"戏剧化"的舆论中，这种虚拟在场使得新闻的真实性难以分辨。

三、信息茧房：跟随舆论形成的话语导向

2006年，美国哈佛大学法学院的教授凯斯·桑斯坦（Cass R.Sunstein）在《信息乌托邦》中提出了"信息茧房"的概念。信息茧房是指人们关注的信息和内容通常由自己的兴趣所主导，从而沉浸在自我的思想空间和信息世界里，如同把自己束缚在由信息编制的"茧房"中。

长期生活在自己建构的信息茧房中，人们很容易失去接触外界其他信息与观点的机会，还会导致社会黏性的丧失。个体长期生活在自身的话语场域之中，生活会出现高度的程式化和机械化，而群体性的长期分离与自负更是会导致社会群体分裂，可能产生更严重的负面影响。信息接收环境的碎片化会使各类群体产生极度自我的偏激想法，而当群体不能够正确地理解和面对外部世界时，就会导致严重

的社会分化。

例如,新闻客户端"今日头条"是一款十分受欢迎的 App,它的个性化推送服务就具有信息茧房的特点。今日头条首先会让用户选择自己感兴趣的内容,随即根据个人喜好向用户定期推送新闻内容。同时,它还会利用大数据技术计算用户的偏好,逐渐将每个人的推送内容固定在一个狭窄的范围内。久而久之,用户浏览的新闻便越来越具有相似性,当他们刷到不感兴趣的内容时就会迅速跳过,从而错过其他类型的新闻推送。长此以往,用户将自己禁锢在一个小范围的"茧房"之中,视野和思维逐渐变得狭隘。这种信息茧房给个人和群体都会带来不良影响。

新媒介技术为信息传播提供了极大的便利,信息内容也更加具有专业性和多样性,但数字技术有利有弊,数字技术在优化传播程序的同时,也对媒体的媒介素养和自律度提出新要求。媒体工作者在扎实理论基础、学习数字技术的同时,也要充分发挥"把关人"的作用。媒体只以内容为主、技术为辅,用高科技手段传播优质内容,才能准确调整和把控社会舆论。在互联网时代下,主流媒体要学会利用技术手段来传递新时代社会文明,发挥技术的正能量,把握舆论场的主导权,规避技术带来的负面影响。

大众对于技术给传播带来的影响持有两种不同的观点:一种是"乐观主义"的肯定态度,一种是"怀疑主义"的否定态度。我们从技术变革中可以看出来,数字技术给社会带来的影响绝不可能是单方面的。因此,我们不能单纯地认为技术可以完全主导信息传播,也不能断定它会使媒体堕落或退化,技术只是伴随新媒体发展而出现的媒介手段。

总之,数字技术是一把"双刃剑",它既能够提高信息传播的时效性和准确性,给大众提供海量信息和丰富内容,也可能引发信息泛滥,湮没新闻事实,使大众走入"信息茧房"。媒体工作者要做的应该是平衡技术与信息内容,客观理性看待技术的作用,传播积极正确的舆论导向。

四、新闻真相:媒介之于真相与大众的距离

随着新媒体技术的高速发展,一方面,人们可以使用现代科技手段,更迅速地了解新闻事件,获取更加详细而又真实的新闻细节,从而更准确地把握新闻事实;另一方面,互联网传播的"去中心化""去控制化"等特点使媒体的"把关人"作用缺

失、传播主体的公信力减弱,从而导致虚拟与真实的距离日渐遥远。那么,在互联网时代,"真实"到底是离我们越来越远还是越来越近?

麦克卢汉说,媒介是人的延伸。媒介是对人的感官与器官的一种延伸,它增强了人类感知和改造外部世界的能力,新媒体的出现更是如此,它进一步延伸了人类的感知能力,拉近了人类与真实之间的距离。数字技术使传播资源更加丰富,不仅使信息的保真性更强,还提高了信息传播效率;网络技术实现了海量信息的多向传播,为人们提供巨大的资源库,保证了信息传播的双向互动性;多媒体技术实现了多种传播手段融合,将各种传播技术融为一体;实时传输技术提高了信息传播的时效性和快捷化,保障了信息传播的流通。

由此可见,相对传统媒体而言,当代新媒介技术无疑拉近了人们与真实的距离,而网络上的谣言和假新闻的制造与传播,归根结底在于某些人为因素。媒介技术是中性的,它们本身并不会造成社会影响,关键在于使用媒介技术的主体,以及传播内容和传播目的。新闻真相是否能被准确无误地传播给大众,最终还是取决于传播主体。近年来出现的一些"反转新闻"把媒介环境推向了"后真相时代","后真相"是2016年被选入牛津词典的一个年度词,指客观事实在传播过程中引起舆论较小,而当带入个人情绪和观点后就会造成巨大影响。例如,"重庆公交车坠江""清华学姐称被骚扰"等后真相新闻无一不体现了"先主观,后客观;先谣言,后真相"的特征。可见,由于一些传播主体缺少媒介素养和传播监管的不足,新闻真相被严重破坏,从而导致被造谣主角"社会性死亡",并且产生了许多不良的社会影响。

在信息爆炸时代,不管是媒体工作者还是普通群众,都应该时刻保持对信息的敏感和警惕,强调新闻的真实性,避免被"信息茧房"所束缚。首先,人们应当提高自身的媒介素养,警惕"信息茧房"。当代网民尤其是年轻人的信息甄别能力不足,在接收信息时处于较为被动的处境,容易受到舆论的引导,从而产生诸如盲目追星、崇洋媚外等不正确的思想。所以,年轻人更需要走出"信息茧房",学习和理解丰富多样的文化与知识,理性看待与自己不同的观点,提高自身的媒介素养和思辨能力。

其次,人们应当开拓多元化信息接收途径。信息接收途径多元化是防止大众陷入"信息茧房"的最直接、最有效的方法。传播主体要保证信息的多样性,让互联网平台汇集各种各样的信息和观点。大数据技术也应该更加准确地全面定位用户需求，在内容推送时给予用户更加丰富多样的选择，使其破除思维壁垒，完整地认知自我。

最后，媒体工作者应当加强"把关人"的引导作用。随着自媒体的出现，"把关人"的角色甚至被用户自己的兴趣和喜好取代，以至于网络上出现了大量真伪存疑的信息，这种现象破坏了互联网生态的健康发展。因此，媒体工作者应该树立社会主义核心价值观，充分发挥"把关人"的作用，以高标准、专业化的态度对内容和用户负责，为大众提供一个清朗的网络环境。

2025年1月26日，抖音发布《2024年平台治理报告》。报告显示，平台于2024年处理谣言452万条，处置涉企谣言视频4.8万条。抖音还通过媒体辟谣团机制，与多家媒体合作发布辟谣信息1200余条，总播放量达26亿次，大大提高了平台信息的真实性。与此同时，针对"不当利用AI生成内容""虚假摆拍"等问题，抖音推出了相关的内容核实机制，要求用户对视频内容进行标签声明。针对社会时事热点的信息传播，抖音主动联合相关机构核查事件中的信息，保证信息的真实性，充分发挥了"把关人"的作用。

习近平总书记在新闻舆论工作座谈会中强调："真实性是新闻的生命。要根据事实来描述事实，既准确报道个别事实，又从宏观上把握和反映事件或事物的全貌。"新媒介技术正在使人类传播活动发生巨大变革，如何正确应对互联网带来的机遇和挑战，提高自身的媒介素养，使大众更加接近新闻真相，媒体工作者还需要更多的反思和努力。

第三章　使用篇

▶学习目标

1. 详细分析在媒介使用过程中,不同角色的人发挥的不同作用。
2. 梳理归纳各类媒介侵权的行为与后果。
3. 重点分析技术与媒介的关系。
4. 思考5G时代媒介素养教育有何新的要求。

随着5G、大数据、人工智能、区块链、物联网等新技术的全面加速发展,万物互联的智媒时代已然到来。而对于此前媒介变革历程中所显露出的问题与隐忧,我们势必要通过媒介素养教育这一历久弥新的公共议题,调动广大数字原住民对日常的触媒活动进行合理规范化的重塑,从而在数字技术变革的进程中,使人们把控好自身使用媒介的尺度,守住法律与道德的底线,找准自己的方向,彰显自身的价值,真正做到"尽媒所能,用媒有道"。

第一节　媒介与人
——谁在使用媒介？

一、人手一支麦克风的"大众"

(一) 为自己发声

在全媒体时代，人们的物质躯体虽处于现实空间，但精神世界却早已遨游于信息涌动的数字网络中，利用各式媒介倾力打造自定的"第二人生"。就好比每个人的朋友圈都有这样一位朋友：睡了一天，傍晚时分收到他人的邀约，一番精心打扮之后，举起了手中的酒杯，觥筹交错之间，以"咔咔"几张合影结束了聚会，在回家的地铁上马不停蹄地P图，最终配以"生活尽在不言中，干了这杯从头再来"的文案，成功上传至朋友圈，今日的孤寂落寞人设营销成功。而这不仅是在人手一支麦克风的环境下生活图鉴的标配，更可谓是一种"当代媒介艺术"。

不过，在传统媒体时代，打造一支"麦克风"的成本较高，所以相比全媒体时代的主动发声，人们更多的是在扮演大众媒体的"聆听者"。但随着数字化技术的演进与革新，人们终于找到了媒介生活的"绿洲"，以获取现实生活中难以感知的体验。表达观点、网络社交、重塑自我、在线维权都是作为媒介使用者的大众利用"专属麦克风"为自己发声的印证，而媒介也始终以丰富的形态来陪伴大众、服务生活。

但正如狄更斯在《双城记》里所言："这是一个最好的时代，也是一个最坏的时代。"缺失把关人的自主发声在纷繁复杂的媒介信息世界里可以带来一呼百应的极大自由，也可能引发失控。例如，网红主播"凉山孟阳"通过网络直播平台，利用贫穷的人设和悲催故事迅速吸引了大量网友关注。"凉山孟阳"利用观众的同理心和助农的热情，通过虚假宣传、摆拍视频等方式，误导消费者购买劣质产品。这种恶劣行为不仅损害了消费者的利益，甚至可能引发社会对助农直播行业的信任危机。"凉山孟阳"案例暴露了自主发声在缺乏把关时可能引发的严重后果，我们应当明白，利用媒介为自己发声时并不需要用虚假谎言来增强其戏剧性，因为网络并非法外之地，恶意操纵流量者终会被流量反噬。助农直播能够推动农村经济发展，但缺乏有效监管的自主发声也可能引发严重的社会问题。因此，有关部门必须完

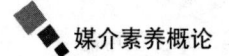

善直播的监管机制,真正发挥助农直播的积极作用,避免其沦为虚假宣传和利益驱动的工具。

(二) 为别人发声

随着媒介传播技术的迭代优化,大众从"留言"走向"评论",而"评论"承载的信息量、产生的影响早已不可相提并论。在碎片化的信息消费时代,即便媒介技术的逐步革新为媒介信息的传播环境源源不断地注入新动能,但在躁动之中,意见领袖无端宣泄的主观情绪仍然误导着大众步入真实与虚假因子繁杂共存、事实真相难辨的舆论旋涡。尤其是在数字传播时代,信息茧房效应在网络社群中愈加明显。从表面上来看,网民可以自由支配、写作网络信息文本,但从本质上我们不难看出,信息文本已经反向侵入大众生活的方方面面。

2018 年,韩国网红杨艺媛在社交网站上发布一则自白视频,向网友哭诉自己三年前在 Once Picture 摄影工作室面试服装模特时,被要挟在 20 多名男性在场的情况下拍摄不雅照,并在拍摄过程中惨遭性骚扰,其间被迫拍下的照片还被卖到了成人网站。杨艺媛的此番爆料随即激起了韩国民众的愤慨,他们不仅强烈要求警方展开调查,甚至还在青瓦台网站上发起了请愿活动。而韩国某知名女明星在关注到此事件后,便在社交平台上发布了一张截图,背景为其参与该请愿活动的网页。由于其作为公众人物具有强大的号召力,请愿的人数便从此前的 11,775 人暴涨至 11 万人。但令人意外的是,警方在调查后发现,该摄影工作室早已被出售,而遭受网民口诛笔伐的现任经营者和员工均与请愿中涉及的不法行为无关。同时,调查结果还指出该网红此前是有偿自愿拍摄不雅照。可就在此时,该摄影工作室的现任经营者选择用跳河自杀的方式来证明自己的清白。于是,所有的舆论矛头又纷纷指向了女明星,她从仗义执言的援助者反转为恃势凌人的被告。在此次事件中,女明星作为极具影响力的公众人物,不应在事件处于不断发酵且尚未调查清楚的阶段便发表自己的主张。她不仅盲从站队,还不断人肉事件主角加以网暴、控诉疑似涉事工作室人员暴戾恣睢,最终引发社会骚动与不安,造成他人的人身健康受到威胁,以致酿成悲剧。

在网络谣言的病毒式传播下,一句话可以拯救一个人,但也可以杀死一个人,义愤填膺地高举正义的大旗并不需要谎言的"加持"、谣言的"拥护"。因此,当热血沸腾地为寻找真相而奔波时,大众更应该理性聆听更多不同视角的声音,从而辩证地为他人发声,而非丧失理智地随波逐流。

二、C 位担当的"大学生"

(一)线上主播

相较物质消费,精神消费是现代生活的消费之重,而当代大学生则是精神消费领域的主力军。他们积极利用媒介表达观点、分享感受和在线维权,无疑是媒介引爆的精神消费新生态下的 C 位担当。尤其是根据搜索量排序的微博热搜榜更是大学生参与社会交往的最佳平台之一。基于点对面的发散式传播,他们利用实时热点,在个人社交账号上做起了"线上主播",对热门社会事件、娱乐新闻、话题等踊跃表达自己的观点。当代大学生乐于求新、求真,面对舆论风暴,他们渴望通过分享自己的观点来获取流量,从而成为一定范围内的"意见领袖"。

同时,大学生也热衷于利用媒介记录现实的生活,借助个人动态展现独有的花样年华,抒发隐藏于内心的种种感受。主要的方式是基于各客户端平台注册个人频道,从而自主打造"超我"的人设,再通过该人设链接现实生活。例如,B 站官方认证的 Vlog 领域优质 UP 主"晨阳爱吃肉"、小红书平台上的人气穿搭博主"咦夕夕夕夕"、抖音平台上的一线美食博主"起司姜姜"等,他们均来自当代大学生群体,通过综合自我优势,在社交平台上聚焦现实生活中的"闪光点",分享自己的感受,逐步从"底层小白"变成"网络红人",甚至成功地将线上流量转换为现实财富。

社交网络帮助个人通过各种平台进入并不唯一且可匿名的数字化生活空间。这对竭力追求个性化的当代大学生而言实属"绿洲",他们可以尽情地分享自己的真实感受,再将这份情感转移到自己打造的人设之中,引发网友的共情,以满足精神层面的追求。

当然,个人或者群体在面对媒介环境时也存在错误的举动,这些举动暴露出行为人较低的媒介素养。2020 年上旬,某新人演员在直播中"自曝"在高考中因为目标院校只接受应届生,所以他利用自身的人际关系,采取不正当手段篡改了自己的档案信息,将原本的身份从往届生改成了应届生。该言论一出,立刻引起了一波强大的社会舆论。网友一方面对其"自曝"行为与洋洋自得的亵渎态度产生了强烈的不满和指责,另一方面也在不断追根求源,撒网式搜索其背后存在哪些不为人知的秘密和强大的社会关系网。"欲人勿闻,莫若勿言;欲人勿知,莫若勿为",在社会舆论的口诛笔伐之中,该演员于次日晚上在个人微博主页发表了公开道歉信,相关部门也介入了调查。最终,中央戏剧学院撤销了他的学位,15名参与伪造其应届生身份的在职工作人员被严肃处理。媒介化社会是一个透明公开的大众文化环境,公众人物的一言一行充分展露出个人的世界观和价值理念,特别是艺人,更加要注重自身的媒介素养。此次事件无疑为在校大学生的媒介素养能力建设上了宝贵的一课,大学生应当以此为鉴,自我警醒。

在新媒体时代,越来越多的大学生在遭到恶意侵权时选择编辑相关动态,发布到网络上。利用各种媒介在线维权对于涉世未深的大学生而言,已成为维护个人权益不受侵犯的重要途径。此前,河南安阳一名高校毕业生曝光其辅导员强制要求签订三方就业协议。该同学曝光的通话录音显示,其表示自己尚未找到工作且有备考公务员的意向,担心签约三方后会影响应届生身份。而辅导员回复说,学校有就业率要求,并且这是"上面"的规定。辅导员甚至口头威胁该同学称,即使考上公务员或事业单位,政审还得回去找其处理,如果现在不配合,以后也不必再打交道。该事件一经曝光,迅速成为社会热门话题,引发热议。许多大学毕业生评论自身也遭遇过同样的恶意威胁。对此,教育部第一时间启动了严格核查各高校就业数据的工作,并且发布通告:教育部坚决反对任何形式的就业数据作假,将对相关违规行为逐条核实、逐一查处(图3.1)。"线上维权"能够帮助大学生在遭到侵权时利用媒介的影响力重拳出击,及时有效地维护自身的合法权益。

图3.1 "央视新闻"官微报道教育部发布的通告

(二)线下记者

"搜索信息—编辑内容—发布推广"是当代大学生利用媒介"发声"的必经之路。通过不断整合资源、提炼分析、传播互动,大学生确保每一次发出的文字、图片、音频、视频等都能有效传达其心中所想。

首先,大学生需要根据发声的类型来广泛搜集相关信息。如果是针对某一热点事件发表观点,大学生需在各平台上搜索相关新闻和热评,为自己的评判预设立场;如果是分享日常,大学生需要浏览手机相册,寻找合适的配图来增强感染力;而如果是在线维权,大学生则需全面搜集相关证据,做好充分准备。数智化生活中充斥着海量的信息,大学生要学会利用媒介资源聆听不同的声音,像记者一样在寻找真相的过程中,辩证地看待信息碎片,用客观心态面对新媒体环境下的故意编造和恶意偏见。

其次,大学生要对搜索的信息进行价值导向层面、视觉审美层面、建构逻辑层面的综合编辑。就像每一条新闻都蕴含着某种思想态度、价值取向,大学生发布的朋友圈也蕴含着相应的价值考量,既可以传达生活的不如意,也能表达对生活的憧憬,而这就是在编辑内容阶段要做的第一个"功课"。而后,大学生从搜索的信息中挑选出需要的视听符号进行美化,好比记者对新闻素材进行编辑,个人动态里的配图间接体现了个性化的审美。接着,最关键的一步就是将所有加工过的视听素材进行逻辑上的编排并辅以文字的深度诠释。作为内容创作者,大学生要想确保受者解读出的意义正是其所建构的意义,那么在逻辑层面就要做到尽可能避免歧义。同样,要想达到理想的传播效果,大学生就要将内容素材按一定思路进行整理,而非毫无头绪地堆积。尤其是类似跨年总结式朋友圈,大学生在文字释意的表层框架下,可以将所要发布的图片素材进行分类拼图,以避免"图文不符"的尴尬境地。

最后,发布推广是以各符号为介质进行"意义"互动的精神交往活动,而以微博、微信、B 站等为代表的新媒体给当代大学生提供了更多的选择空间。微信用于日常分享,微博用于表达自我,B 站用于营销人设,大学生根据不同的传播需求选择不同的平台。同时,不同的发布推广方式也带来了截然不同的传播效果。时下网络红人中不断涌现出越来越多的在校大学生,他们大多是凭借"大学生"的主观视角去推广运营相关话题的,以此获得关注。2019年6月,北京邮电大学某在读生通过社交账号"老师好我叫何同学",在B站发布了一条"5G在日常使用中的真实体验"的测评视频。该视频一经发布立刻风靡全网,超1800万次的播放量、17余万条弹幕、5.4万条评论将其推至热门。该博主从当代大学生的独特视角描述5G技术在落地应用中的使用体验,并在推广过程中强化"大学生视角",捕获一众网友的关注。大学生与媒介的关系可谓亲密无间,但大学生要谨记在求新、求知之余,更需求真。

三、把关舆情传播的"记者"

(一)记者的职业权利

1.采访权

2004年5月25日,中央电视台《时空连线》两名记者在赴沈阳采访一起野蛮拆迁事件时,被当地派出所民警强制中断采访,甚至被强行扣留在派出所将近两个小时,采访设备和采访素材也被强行没收,后经有关部门协调,两名记者才得以重获自由。2020年4月21日,两名记者在河南省新乡市原阳县采访"4名儿童被埋"事件时,遭到推搡殴打,甚至被强行抢走手机。事件一经曝光便引发舆论关注,当晚,原阳县委宣传部副部长来到记者所住酒店,归还被抢走的两部手机并向记者致歉。但记者发现送还的手机已被刷机,此前拍摄的内容也被清空。而面对"殴打记者的人是谁?为什么拦阻记者?为什么把手机刷机?"等问题,相关官员却以"三个不清楚"潦草回应。

事实上,《新闻记者证管理办法》已指出,"新闻记者持新闻记者证依法从事新闻采访活动受法律保护。各级人民政府及其职能部门、工作人员应为合法的新闻采访活动提供必要的便利和保障。任何组织或者个人不得干扰、阻挠新闻机构及其新闻记者合法的采访活动"。所以,只要新闻记者没有妨碍公民和政府的合法权益,公民和政府就不能以"不清楚""不了解""无可奉告"之类的辞令进行推诿,更不能随意进行人身攻击。

2.报道权

报道权同样是记者的天然权利。在世界新闻史上,有一个著名案例就是关于记者怎样成功争夺报道权的。1963年11月23日,美国总统肯尼迪在达拉斯被开枪暗杀。当时,合众社的记者梅里曼与美联社的记者贝尔同在总统车队中。当枪声响起时,记者的敏锐性让梅里曼第一时间抢到唯一一部车载电话,他马上向合众社口述事件。无论同车的贝尔用拳头如何揍他,都没能让他放弃电话。结果,合众社成为世界上第一家报道肯尼迪遇刺的媒体,这场报道也让梅里曼获得了普利策新闻奖。

虽然报道权是记者的天然权利,然而,在实际报道的过程中,记者却经常遇到各种势力的阻挠。据人民日报海外网报道,2020年6月2日,美国警察暴力驱赶多国记者。其中俄媒记者妮可·罗素称,尽管她在报道现场出示了记者证,但警察仍在抗议现场使用了闪光弹、橡皮子弹和催泪瓦斯,这导致她咳嗽不止并且腿部及臀部多处受伤。同样,来自澳大利亚的两名记者也在与澳大利亚电视台演播室连线直播的过程中遭到美国警察的袭击,演播室内的主持人面对美国警方的行为震惊不已。

即便侵犯新闻记者报道权的恶性事件时常发生,但大部分新闻媒体及记者仍然不畏邪恶势力,坚持通过手中的媒介工具惩恶扬善,进行有温度、有力量的真实报道。政府和社会组织、个人也应尊重并维护新闻记者采访、报道、反映真实情况的权利。当然,如果记者报道的内容有违法律要求、社会道德底线、记者职业操守,甚至是"虚构"的,那么他们也应受到相应的惩处。

3.舆论监督权

每年的3月15日是国际消费者权益日,从1991年至今,中央广播电视总台、中国消费者协会、中国消费者报社等多个部门会在这一天联合举办3·15晚会(图3.2),这场公益晚会获得消费者的一致好评。几十年来,3·15晚会扮演着市场监察员的角色,旨在从媒体的视角揭露不法商家的失信行为,保障广大消费者的切实利益,用"法治"构筑一个良性的经济生态模式,促进商品消费的稳步发展,维护健康稳定的市场秩序。

3·15晚会正是新闻媒体通过对侵害消费者权益的失信行为"抓现行",呼吁有关部门及时督查,同时给予各企业一定程度的忠告,极大地保障了消费者的利益,形成了媒体、消费者、政府和企业之间的良性互动,而这正体现了新闻媒体舆论监督权的重要性。

图 3.2　3·15 晚会

我国《宪法》第四十一条规定:"中华人民共和国公民对于任何国家机关和国家工作人员,有提出批评和建议的权利;对于任何国家机关和国家工作人员的违法失职行为,有向国家机关提出申诉、控告或检举的权利,但是不得捏造或者歪曲事实进行诬告陷害""由于国家机关和国家工作人员侵犯公民权利而受到损失的人,有依照法律规定取得赔偿的权利"。《宪法》规定的这些权利充分保护了公民的舆论监督权,同时也是对新闻记者依据法律规定合理开展舆论监督工作的肯定。因此,基于媒体的报道,利用社会舆论来打击违法犯罪现象,净化社会风气,让正道的光照耀在神州大地上是新闻记者的权利,更是新闻记者的义务。

(二)记者的"专业性"怎样体现?

从作用层面而言,记者是公权与公民之间沟通的"桥梁",促进了政府机构与民间信息的流通,有利于创建和谐社会。党和政府的决策信息需要通过新闻媒体传达给大众,而大众的"麦克风"则对接收到的信息作出评论、提出建议,由新闻记者采编真实的意见,再公平、公正、公开地反馈给国家相关机构。

从表现层面而言,新闻记者在面对突发热点事件时,往往需要抢在"第一时间",赶在"第一现场",发出"第一声"。这是因为新闻十分讲究时效性、真实性和准确性,记者应如离弦之箭在突发热点事件发生的第一时间就赶往现场,在调查清楚后,抢先发出新闻稿件。特别是在全媒体时代,面对自媒体为了追求流量而不负责任的发言,新闻记者只有把握好时效性,才能避免大众接触甚至轻信煽情化、浅薄化、低俗化的虚假新闻。在面对重大突发性事件时,新闻记者更应展现出大无畏的精神风貌与恪尽职守的职业素养。

例如,近年来,缅甸不法团伙对中国公民实施的电信诈骗事件备受关注。河南都市频道的4名记者前往缅甸展开卧底调查,真实记录了诈骗团伙行骗的全过程。2024年6月28日,河南都市频道播出特别调查节目《边境"蛇"影》,全方位、多角度地揭露了缅甸境外犯罪团伙的诈骗行为。节目播出之后,引发观众极大关注,全网浏览量在12小时内突破4亿,并登上多个平台热搜榜。7月4日,河南都市频道的记者为解救被困人员,展开了"被困缅北,亲人盼归"系列直播,最终在警方与媒体的共同努力下,6名被困人员成功获救。作为"无冕之王",记者用镜头记录坚持,用文稿撰写力量,不负众望完成了自己神圣的使命。

从制作层面而言,记者要理性客观地采编内容。尽管作为传播者,自媒体和新闻记者的手中各有一把"剪刀",但不同的是,记者的编辑是关于客观事实的报道,而部分自媒体拼凑出的只是追求眼球经济、引爆流量的新闻,而未对相关事件进行深入调查,挖掘背后的事实真相。同时,新闻记者在编辑新闻的过程中,首先需要严格遵守职业操守,考量和把关新闻素材运用得合适与否,如对某些特定的画面进行打码,对隐性采访的受访对象进行化名、音色变调等特殊处理。其次,在信息爆炸的传播环境中,新闻记者的"麦克风"有着多种形态,可将同一条新闻内容以不同的形式和风格分别在各媒体上进行分发传播。例如,新闻App、电视频道、报纸、广播电台、杂志,以及微博号、微信公众号、抖音官方号等均可成为传播新闻的平台,而这样的系统化、标准化、规范化的制作过程是自媒体无法企及的。

从审核层面而言,《中国新闻工作者职业道德准则》要求记者维护新闻的真实性,严守法律和道德底线。为此,新闻记者需要"以事实为根据,以法律为准绳",严格核查新闻背后的"事实依据"及其涉及的法规政策。不论网络上的声音如何复杂,记者在采编的过程中首先要具备一定的信息审核能力,一则新闻在审核流程上通常要经过记者、编辑、责任编辑、主编等多个"把关人"的逐一核查。其次,与普通自媒体不同,记者在审核新闻时还将按照法律法规对新闻进行"过滤",对其中涉及的相关法律问题进行核查并加之于新闻内容,以此警示大众。因而,只要新闻机构严格规范新闻采编流程,建立健全新闻报道的审核制度,就能在冗杂的网络信息环境中去伪存真,有效避免不实信息带来的危害和负面影响。

从目的层面而言,人人都能利用媒介发声的时代混杂着谣言与真相,而记者正是基于职业素养、法律与道德的要求引导舆论,利用正确的舆论振奋民心的。在移动互联网时代,新闻的生产不再是职业记者的专利,越来越多的自媒体也开始发布新闻,甚至引导舆论的走向。但由于普通用户的媒介素养参差不齐,更缺乏新闻职业素养,"反转"新闻不时出现。

事实上,在人人都有麦克风的今天,最不可信的就是"微博网友爆料",很多上一秒看似"言之凿凿"的事实,下一秒便会随着新闻记者的调查而完全被推翻。因此,新闻记者的报道更要站在维护社会和谐稳定的角度,厘清事实真相,客观公正地进行报道,以便更好地服务人民、服务社会。

(三)记者的新闻职业素养有何要求?

1. 严格恪守底线

2008年,国家新闻出版总署通报,有8家媒体的10名记者在河北蔚县矿难事故中收受了"封口费",决定对涉案媒体分别给予警告、罚款、撤销记者站、内部整顿、吊销准印证等行政处罚,并将10名涉案人员列入新闻从业不良记录,终身禁止其从事新闻工作。

新闻记者以权谋私,利用"有偿新闻"获取非法财物的行为本身就是违法的,这种腐败现象是新闻界的耻辱。对于这种行为,中宣部、国家广播电影电视总局、国家新闻出版总署联合颁布的《关于新闻采编人员从业管理的规定(试行)》和国家新闻出版总署颁布的《新闻记者证管理办法》均有相关规定:新闻采编人员不得利用采编报道谋取不正当利益,不得向采访报道对象或利害关系人索取财物和其他利益,不得借助舆论监督进行敲诈勒索、打击报复。新闻记者并非拥有特权的公民,必须严格遵守法律底线和道德底线,切勿从"无冕之王"走向锒铛入狱的"过街老鼠"。

2. 坚守职业操守

2008年2月12日,一则题为《刘为强获奖藏羚羊照片疑似造假》的帖子在网上引发热议。该帖子指出《大庆晚报》的摄影记者刘为强获《影响2006》CCTV年度新闻记忆之年度新闻图片铜奖的摄影作品《青藏铁路为野生动物开辟生命通道》(图3.3)中存有三处造假嫌疑。而经组委会与评委会查证,该图确为电脑合成处理所得,组委会与评委会当即决定取消该作品的铜奖资格,并收回证书和奖杯。

随后,该摄影记者也在舆论重压下发表声明,表示画面中的羚羊与火车虽不是在同一时刻出现的,但照片的确是在同一地点拍摄的。他只是为了使画面更具感染力,才使用 PS 软件进行合成,他为自己违背职业道德的行为诚挚道歉。

图 3.3　《青藏铁路为野生动物开辟生命通道》

2010年12月22日,《成都商报》刊登一篇题为《夜上黄山,谁让救援队变敢死队?》的报道,讲述了几位在上海就读的大学生在黄山未开发区域遇险,当三次报警失败后,其中一个队员说他"二姨父影响很大",于是便向其"二姨夫"求助,从而获救的经过。后经证实,整篇报道严重失实,当事记者被辞退,当班编辑和新闻中心主任也随之被撤职。

我们强调新闻记者要不畏权贵,为人民着想,为百姓发声,但这并不代表新闻记者可以用主观的臆断加上个人的情感来代替新闻报道的客观事实。而对于虚假、失实新闻的处理,国家新闻出版总署早已发布文件要求建立健全受理公众举报、投诉、核查、处理和反馈工作的程序机制,建立虚假失实报道的更正制度和责任追究制度。行政部门可以采取通报批评、责令限期更正、责令公开检讨、责令新闻机构主要负责人引咎辞职等措施。对于新闻记者,行政部门可以给予警告、吊销记者证、列入不良从业行为记录等处罚。

因此,每一个新闻记者都要将坚守职业操守视为开展新闻采编活动的重要基石,不为博取眼球而编写新闻,恪守《中国新闻工作者职业道德准则》的规定,竭力为人民服务,为社会主义服务,全力维护媒体的公信力。

3.把控传播内容

2019年7月28日,四川电视台新闻频道在晚间播出了一则记者暗访街头按摩店的新闻。记者为了获取一手新闻资料,用针眼摄影机录制了整个暗访过程。在播出过程中,该节目竟使用了未打码的画面,立刻引发网络热议,网络的迅速传播致使不良影响持续扩散。

诸如此类的新闻侵权案例并不少见,究其根本,就是由于新闻记者守法意识不强,没能适度把控传播内容,造成了对公民的名誉权、隐私权、肖像权等基本权利的侵害。我国法律规定:自然人享有生命权、身体权、健康权、姓名权、肖像权、名誉权、荣誉权、隐私权、婚姻自主权等权利。而为保障公民的基本权利,一般未经本人同意,媒体报道均需要对其个人信息进行马赛克等技术处理。因此,记者在采编过程中切勿暴露相关个人隐私。例如,对于青少年案件的报道,记者应该对其姓名、形象等信息进行技术处理;对于在特殊场所隐性摄录的画面,记者也要进行技术处理。同时,记者还要严格把控传播内容,切勿传播邪教、赌博、封建迷信、凶杀暴力等败坏社会风气、助长违法犯罪的不良内容,避免造成不可估量的负面影响。

严格恪守底线、坚守职业操守、把控传播内容是当代记者必须具备的新闻职业素养,但这种素养的养成并非一蹴而就,而是需要在一次次的实践中逐步培养与强化。尽管人人都可以利用手中的麦克风传播新闻,但社会大众还是将音量最高、分量最重的那一支麦克风交给了媒体。因为社会进步需要的不是"主观、片面、随意"的个人分享,而是"客观、全面、严谨"的媒体报道。不过,在娱乐至死的时代,媒体的话语权既可以服务于大众,也能成为恶性事件的帮凶。部分媒体缺乏职业素养,为了眼前的利益而不断挑战社会道德的底线,从而间接酿成一桩桩惨剧。1997年的"白冰冰丧女案"就是部分嗜血媒体罔顾人性的最强印证,而该案发生期间的媒体表现也成为日后中国台湾地区新闻媒体伦理标准的负面典型。

中国台湾地区媒体在此案中的表现值得每一个媒体从业者深刻反思,随着新闻碎片不断渗入公众生活的每一丝缝隙,记者肩上担负的责任越来越重,因为记者传播的字字句句都不会消散于无形的空气之中,而是不断扩散,影响社会大众的思想观念、价值取向和生活方式。正因如此,记者必须遵循职业道德的要求,坚守内心的良知,做公众道德素养的引路者、社会公平公正的监督者和时代发展进步的推动者。

第二节 媒介与违法犯罪
——使用不当有何后果？

一、被告席上的"传者"

尽管媒介技术的革新带来了"数字化生存"的进一步发展，但随之出现的弊端也数不胜数。常有网民因使用不当而触及违法犯罪的"红线"，而大多数的违法原因是传者发出的信息出自个人的主观臆断，且对他人的名誉权、隐私权等合法权利造成损害。违法网民根据具体的侵权行为性质必须承担相应的行政责任、刑事责任或其他形式的民事法律责任。

2010 年 8 月，中国新闻摄影的最高荣誉"金镜头"奖颁给了一幅揭示社会公德缺失的摄影作品《挟尸要价》（图 3.4），而公众对此的态度却莫衷一是。多数人认为该新闻照片获奖是对三名青年英雄及其家人的二次伤害，并且他们高度怀疑该照片背后事件的真实性。还有少数人认为这就是社会现实的缩影，社会的发展需要这种真实反映社会弊病的新闻作品来针砭时弊、激浊扬清。与此同时，各家媒体各执一词的报道更是将这场舆论纷争推动得愈演愈烈。

图 3.4 《挟尸要价》（张轶 摄）

2009 年 10 月 24 日，湖北荆州长江大学的三名大学生在长江荆州宝塔湾江段与同学们野炊时，为营救两名溺水儿童而不幸壮烈牺牲。随后，其他同学联系了附近一家由下岗工人和渔民组织起来专门打捞沉船、沉物的公司,让该公司帮忙打捞被江水吞没的三名同学的尸体。公司负责人之一陈某来到现场后,直接与长江大学的老师商谈打捞费。由于该公司是宝塔湾唯一一家可以打捞尸体的单位,所以即便面对陈某的漫天要价,长江大学的老师也只好被迫答应。谈妥之后,陈某便下令渔民开始打捞。当将打捞起的第二具尸体拖向岸边时,渔民王某某指挥同船掌舵的船工向前靠岸,这一幕瞬时被记者张轶拍下,而这就是之后屡获大奖的新闻摄影作品《挟尸要价》的定格瞬间。

时至今日,网络上关于"挟尸要价事件真相"仍然众说纷纭,但或许我们可以从网易新闻一篇题为《作者回应:照片是"挟尸要价"的真实瞬间》的访谈实录中得到一些思考。

"真实性"是记者在进行新闻报道时所要遵循的基本原则,而客观地反映事件真相则是记者必要的职业素养。记者竭尽全力去探求真相没错,可记者应该关注的难道只有"真相"吗?遇到问题时,一味地懊悔和责怪毫无意义,重要的是寻找解决问题的办法。同样地,热点事件往往折射出社会上存有的某些弊病,这便需要新闻记者站在维护社会价值的层面去建构报道的角度,帮助公众及时审视自我、调节失衡,从而推进社会的健全发展。

面对这样的事件,我们都应该反思,在高度媒介化、信息化的今天,我们应该如何利用媒介去构造理想的生活?面对虚拟的世界,许多人误以为这里没有道德和法治的约束,从而肆意对他人隐私加以恶意传播。可看似"无边"的虚拟世界并不代表它"无形",网络安全管理部门可通过数据回溯追踪到你的违法行为。事实上,"人肉搜索"行为其实早在2013年修订的《消费者权益保护法》、2014年最高法公布的《关于审理利用信息网络侵害人身权益民事纠纷案件适用法律若干问题的规定》,以及2016年通过的《网络安全法》等法律法规中被定性为一种违法和侵权行为。

依据我国法律规定,人格权是我国公民合法享有、任何他人不可侵犯的人身权利,主要包括肖像权、名誉权、隐私权等。因此,即便被媒介建构了生活,我们仍身处于法治社会,网络也并非法外之地,我们都必须为自己的所作所为负责,在积极维护自己的合法权益的同时,不能侵犯他人的权益,切勿因为自己的随意传播而被送上"被告席"。

二、被告席上的"受者"

当下,随着线上娱乐、数字营销、网络社交、在线维权的兴起,我们使用媒介的理由越来越多,频率越来越高,可随之产生的各类侵权案件也越来越多。当我们作为"传者"时,可能因发布不当信息而侵犯他人的人格权,而当我们作为"受者"时,则很有可能在二次发布接收到的媒介信息时,因使用不当而造成违法传播,导致侵犯他人依法享有的发表权、署名权、修改权、保护作品完整权、信息网络传播权等著作权。

1995年,大型画册《走向二十一世纪的中国海关》刊登了林奕拍摄的反映我国海关警察缉私风采的摄影作品《跳帮》,并为之配以"用忠贞和正义锻造的利箭射向罪恶,使走私分子胆战心惊。图为海关海上缉私队员在'跳帮'"的文字说明。而在2000年,中国新闻社擅自盗用该作品,用于其出版刊物《中国新闻周刊》第21期的封面,并配以《私破海关》《腐败重创中国海关大门》《危机中年》《地盗战》《娱乐圈是个什么圈》等文章标题,还在该图右上方印制了一个反转倒置的中国海关关徽图案,致使林奕被社会各界人士误以为在恶意损害海关人员的形象,从而受到无尽的指责。于是林奕向法院申诉,法院审理后,判决中国新闻社侵害了林奕对其原创作品《跳帮》依法享有的"署名权""保护作品完整权"和获得报酬的权利,并且严重歪曲林奕创作该作品的本意以致其名誉受损,因而需承担停止侵害、公开赔礼致歉、赔偿损失等责任。

2016年,爱奇艺公司发现微信平台有公众号在未经授权的情况下非法传播其独享播放权的影视作品,通过将播放链接和下载渠道安插在推送中,设置"打赏"功能进行牟利(图3.5)。而用户只需在聊天对话框中输入想看的剧名,便可收到对应的观看链接。对此,爱奇艺向微信管理中心发起投诉,微信管理中心审核有关证明材料后,根据《信息网络传播保护条例》"要将影

图3.5 微信"打赏看视频"页面

视作品通过信息网络向公众提供,需要经权利人许可,并支付相应报酬"的规定,认定该涉案公众号侵犯了爱奇艺的信息网络播放权等著作权,应当承担赔偿损失的责任。

2017年,以"×分钟带你看完电影"系列短视频持续走红的台湾博主谷阿莫被迪士尼、车库娱乐、又水整合、KKTV影音平台和得利影视等5家公司送上被告席,原因是谷阿莫在网络上发布相关电影的解说类短视频导致该电影作品无法正常上映,给片方带来了巨大的商业损失。碎片化的消费时代催生了一批又一批"谷阿莫",他们通过对一部电影进行"缩剪"的二次创作,梳理出一条主线,配以自己幽默诙谐的解说,在短短几分钟内便能快速带领观众大致观看完一部电影作品。不可否认的是,这种快餐式的观影方式的确深受网友喜爱,但也一直处于饱受争议的难堪之境。从法律层面而言,尽管"解说词"部分属于谷阿莫的原创,但整部作品的核心思想、主要情节和发展逻辑并未经过独创性的改编创作,所以仍造成了侵犯著作权人修改权和保护作品完整权等事实,谷阿莫需承担相应的法律责任。

当下,自媒体行业的发展如火如荼,大量的转载、洗稿、二次创作就像地雷一样潜伏在互联网的各个角落。即便我国为保障著作权人的合法利益,早在2010年就开展了打击网络侵权盗版专项治理的"剑网行动",还出台了一系列行政法规以净化网络版权保护环境,但井喷式发展的自媒体行业管理难度仍逐日递增,关于著作权的侵权问题也依然普遍存在。不过,法网恢恢疏而不漏,任何带有侥幸心理的不法之徒必将因自己的侵权行为而受到法律的严惩。

具体而言,我国规定侵犯著作权行为需承担的民事责任包括停止侵害、消除影响、公开赔礼道歉、赔偿损失等。情节严重者除承担民事责任外,还要由著作权行政管理部门对侵权人进行行政处罚,处罚措施包括警告、责令停止非法侵权行为、没收非法所得、没收侵权复制品及制作设备、罚款等。如若以营利为目的且违法所得数额较大或巨大,或者有其他严重情节的侵权行为,还将构成侵犯著作权罪、销售侵权复制品罪,违法者会被判处相应的有期徒刑或者拘役,并处或者单处罚金。

我们每天使用媒介作为"传者"的时间不及作为"受者"的十分之一,这是信息化时代赋予我们的发展机遇,同时也是严峻的挑战。通过媒介接触的信息越多,我们越能更好地认识世界,但我们一定要取之有度、用之有节,万万不可挑战法律的底线。尽管目前著作权的制度体系、保障机制还需不断完善,著作权人的维权渠道也需自查整改,但只要我们坚持前行,就一定能看到新的曙光。

三、青少年犯罪的重要诱因——沉迷网络游戏

(一)价值观念的误导引发"财产型犯罪"

2011年12月31日,湖北省荆门市的花季少年小文为购买网络游戏中的装备,趁朋友一家都去砖厂上夜班的机会,独自前往朋友家中行窃,却意外发现朋友的5岁弟弟单独留守于家中。丧失理智的小文选择撬开床头柜,盗取了千余元现金,并由于害怕朋友的弟弟向家人告发而对其痛下杀手。另据搜狐新闻报道,2013年10月,沉迷于网络游戏的阿强因为没钱上网便产生了勒索财物的想法,随即绑架杀害了一名7岁男童,并向男童母亲勒索15万元。

事实上,这些案例并不陌生,随着网络游戏的兴起,你我身边都出现过这样令人哀叹的悲剧。青少年往往由于经济不独立,所以没有正确的消费观。在网络游戏中,充值1元人民币能够兑换10张点券。一套虚拟角色的皮肤在游戏商城中的标价为1688点券(图3.6),看上去不多,但现实价格却为168.8元。这样的价格定位会对心智尚未成熟、缺乏社会经验的青少年产生价值观念上的误导,误认为"168.8元"就只值一个游戏中的小道具而已。他们甚至还会将虚拟世界中几千至几万不等的数字游戏币与现实生活中几十至几百的金钱画上等号,以致在盗取财物时竟浑然不知自己做错了什么,因为"这点钱"在他们的眼里根本不算什么。

图3.6　网游《王者荣耀》中的"皮肤"购买页面

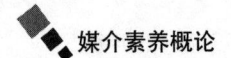

"财产型犯罪"是每一个过度沉溺于网络游戏的青少年身上共存的难题。由于我国尚未对网络游戏的管理形成相应的法律法规,所以当相关的热点事件出现时,我们除了对游戏开发商进行舆论谴责外,没有太多办法采取更有力的举措进行限制和规范。

(二) 内容的暴虐无道引发"暴力型犯罪"

2012年8月,18岁的小刘和17岁的小付在十日内于湖南、广东和云南三省残暴地实施了连环抢劫杀人案。事后,经警方调查得知,两人性格内向,不愿与外界有过多交流,却异常痴迷于《魔域》《魔兽争霸》《英雄联盟》等网络游戏。而可恨的是,走火入魔的两人竟将这些虐杀视为一场游戏。

游戏角色虽可"复活",但生命却不可重来。游戏里的"世界观""人生观""价值观"只属于虚无缥缈的游戏世界,现实生活有其专属的"模样",任何人都不能也不应妄想将游戏里暴力横行的行事准则带入现实生活。因为人生绝不是一场靠武力说话的"游戏",而依靠暴力解决的也不是"敌人",而是麻木的自己和堕落的人生。

不可否认的是,部分有益身心的网络游戏教会了青少年勇敢、团结和坚持,但我们绝不能忽视那些暴虐无道的网络游戏致使青少年对生命的意义出现了认知的偏差,"暴力型犯罪"引发的恶果是无法挽救的,更是正处于花季的青少年无力承担。作为青少年犯罪的重要诱因,过度沉溺于网络游戏将让自控力不强的青少年坠入深渊。网络游戏中充斥的血腥和暴力,不能积极疏导青少年的逆反心理,反而导致青少年在人际交往中妄以暴力手段来达到自己的目的。

(三) 线上的不良社交引发"团伙型犯罪"

2007年,崇左市江州区的四名未成年人终日沉溺于网络游戏,由于没钱支付上网费便计划抢劫出租车驾驶员。在半年的时间内,他们暴力作案多起,一度给当地的出租车驾驶员带去极大的不安和恐惧。最终,经法院的审判,他们均要为自己的不法行为付出沉重的代价。2011年,17岁的小军于江苏省常熟市的一家网吧门口与人发生矛盾纠纷,随后便叫来自己的朋友小兵一同暴力殴打对方。经调查,小军和小兵均在初中时期就辍学外出打工,在繁杂的工作之余,他们靠网络游戏释放压力。故而当发生纠纷时,小军和小兵便自然地顺延了游戏中结伴报仇的形式来彰显"江湖义气"。但与游戏中的虚拟世界不同,这次的"复仇成功"得到的不是奖赏,而是"有期徒刑"。

青少年尚处于发育期,他们热衷于打造个性化的形象,而以匿名性、虚拟性、互动性为主要特征的网络游戏则为青少年提供了一个新的人际交往环境。其中,各种定位的虚拟角色恰巧迎合了青少年特殊的心理需求。他们通过自主打造出理想化的自我形象,在虚拟世界中寻找友情和爱情。而线上交友的"面具"下隐藏的则是现实生活中难以排解的孤独和焦虑。

网络游戏的沉浸性不仅能给玩家带来强烈的感官刺激,还能让玩家通过参与并操控虚拟角色,将自己的情感体验转移到虚拟角色身上。而这对于渴求"自由"的青少年而言,是解决烦恼的"一味良药"。不过,一旦过度沉迷于网络游戏,"良药"就会异变为"麻药",青少年便开始混淆现实世界和虚拟世界,把以暴制暴的"交友观"带进现实生活,以致造成"团伙型犯罪"的严重后果。

网络游戏作为互联网产业的新兴领域,不仅拓展了大众的娱乐空间,还极大地促进了文娱经济的发展。但面对心智尚未发育成熟的青少年群体,我们应该多一份关爱的"限制"。因为他们未尝过生活的苦,所以未能认识到网络游戏中的虚拟世界仅是一个"梦",反而会从中寻找自己的信念感。如果这份信念感是不正确的,只要有机可乘,他们便会作出一些违法行为,甚至可能给社会带来极大的危害。所以,网络游戏开发商应该多设置一些"准入限制",为人父母应该多一份"陪伴和关爱",社会大众应该多一份"理解与包容"。

第三节 媒介与技术
——谁会取得控制权?

一、技术使人类进化了还是退化了

(一)进化之"得"——智能生活的多元与进化方向的转型

2019年9月,被英国媒体评选为"新世界七大奇迹"之首的北京大兴国际机场正式投入运营,与之同期运行的还有国内首创的"智能旅客安检系统"(图3.7)。

该系统基于智能识别技术,能自动完成对旅客及其机票和身份证的核验工作,同时还将旅客身份信息与行李物品进行绑定送检,再结合RFID(无线射频识别技术)行李追踪技术实现对行李运输过程的全流程追踪,避免产生行李丢失等意外。这不仅实现了安检工作的智能化升级,还提高了航空运行的安全性和旅客过检的高效便捷性。

2020年6月,滴滴"自动驾驶"网约车服务正式于上海上线(图3.8)。相较于传统汽车,自动驾驶汽车的车顶配置多个雷达,可实时捕捉路

图 3.7　智能旅客安检系统

况信息,再通过车载传感器将所监测到的数据反馈至决策系统,以便系统及时进行刹车、加速、转弯等智能操控,从而保障行车安全。

图 3.8　滴滴"自动驾驶"网约车

此外,广东省远程医疗平台于2020年初,向医疗条件较差的偏僻地区提供远程预约、远程门诊、远程会诊等服务。远程医疗依托于远程通信技术,通过数字、图像、语音的综合传输来实现跨地域、跨机构的医疗诊治与医学教育等服务。

放眼于当下,随着智媒时代的数字技术全面发展,单个主体将匹配多个端口的数智化设备,这种散点式紧密连接的生活模式已然成为个体生存的常态。人们徜徉在信息世界之中,写入与读取信息,并充分调动自身的媒介素养,利用数字技术不断改造世界、再造生活。同时,新兴技术的发展则不断为大众提供各种各样的数智服务,让智能生活不再局限于"屏"与"屏"之间。时下新兴的机器人、人工智能等技术正源源不断地落地应用于金融、医疗、交通、家居、通信等领域,给人类未来的生活图景带来更非凡的精彩。

在这样的发展背景下,我们便需要对自身的媒介素养提出更高的要求,在与各式智能终端联动协调的同时,充分调动自身的技能储备与认知技巧,并注重在数智信息使用、处理、辨析过程中多层级间的自我检视与自我管理,进而发掘全民媒介素养的潜能,达到人媒与共的理想媒介生态环境。

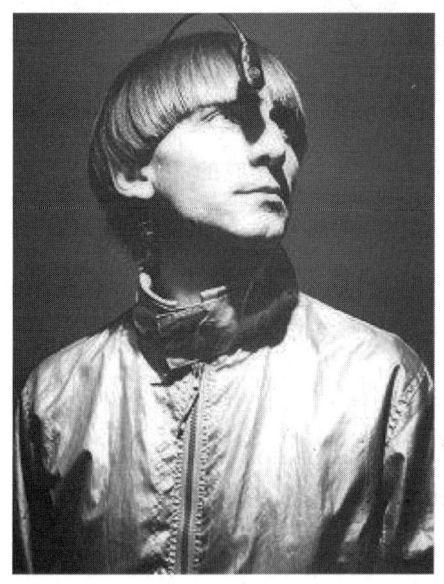

图 3.9　世界上首个由政府承认的半机械人尼尔·哈尔比森

英国色盲男子尼尔·哈尔比森是一个只能看到黑与白的全色盲,但通过安装一个与头部结合的摄像头装置,将颜色转化为不同的音符后,他就能通过辨别不同音阶的声音而"看到"不同的颜色。2004 年,哈尔比森得到了英国身份管理部门的正式认证,认定该装置是他身体的一部分,他就此成为世界上首个由政府承认的半机械人(图 3.9)。事实上,现在已经有很多先天性疾病通过科技的干预而使患者得到有效的治疗,人工耳蜗、人工心脏(图 3.10),仿生电子眼、人工手臂(图 3.11)都已走进医学领域,投入实际治疗当中。

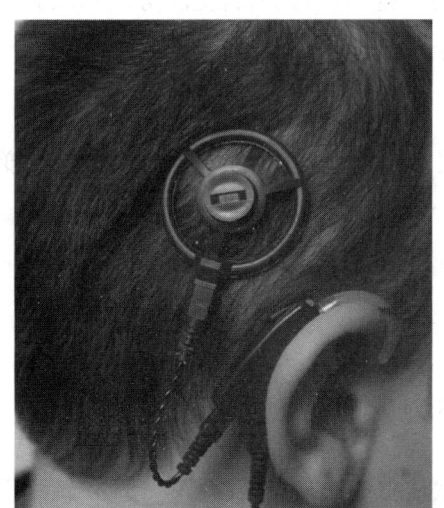
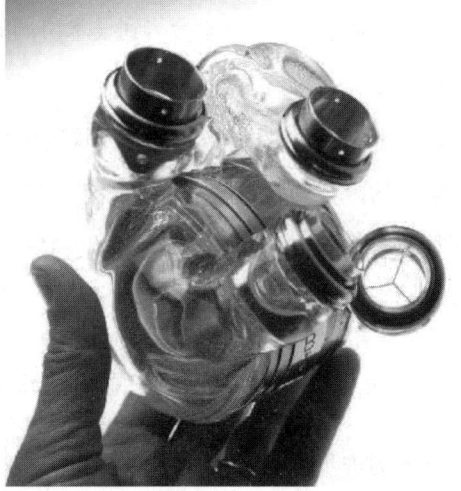

图 3.10　人工耳蜗、人工心脏

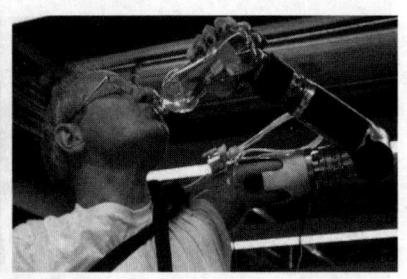

图 3.11　仿生电子眼、人工手臂

数字化—数据化—数智化,数字信息技术的蓬勃发展促使生活中的各种元素逐步转换为数字符码而彼此相连。此前需要通过社会实践养成的能力,或是遗传基因带来的天赋,都能随着数字生态系统的自我革新而固化进人体。届时,存在于科幻电影中的智能生活,甚至是目前看似荒诞的"义体人"都将掀起现实的浪花,人类的生物进化方向或将向赛博格转型。"科技兴则民族兴,科技强则国家强",技术进化历程的螺旋式上升不断将人类对智能生活的憧憬打造成现实,而人类随之更新的多元需求又为技术的进化提供了可行方向。

同时,新兴科技的崛起为人类社会发展转型建构了新的想象:随着数智化生活、数字化生存态势的演进,人机结合将会越来越密切,人类将高度利用技术,以有机物与无机物相结合的新型生存方式来完成"主动"自我进化。技术的进化之"得"让"人工制造"遍及生活的方方面面,新的挑战与机遇也将推动人类步入下一趟征程,继续在技术革新的洪流中探寻生活的乐趣。而伴随着自主能动的探求,我们的主观意识则需要更高效地参与到技术协调的运作中,这也是发挥自身媒介素养能力的应有之义。

在未来,我们将把认知、辨析、理解、接受和制作等媒介素养能力转化为媒介变革体系中的内在动力,让"技术"赋能,为"媒"所用,将媒介素养的涵化理念落实渗透到数智时代的方方面面,并在进化和发展人的基础上,开掘新型"电子人"的进化方向。

(二) 退化之"失"——自主意识的缺失与身体机能的弱化

技术的进步让人类沉浸于解放双手的欢愉中无法自拔,随处可见的"二维码""显示屏""传感器"仿佛成了人类的生活管家,引导人类通过意识与数字世界实时交互。但问题在于,我们在解放双手的同时,是否也要放弃独立思考? 社交网络上存在着粉丝操控明星评论走向的现象,网民称之为"控评",即操控评论。只要网络上出现带有相关明星的信息,粉丝便想覆盖对自己偶像影响不好的评论,进而在评论区中发布宣传该明星的相关作品和取得成就的言论。久而久之,当出现某个明星的信息时,路人打开评论看到的只能是"列队式刷屏",而真实的评价却寥寥无几。同样,面对社会热点事件,部分网民缺乏自主思考的能力,习惯于盲从他人的声音,因此沉溺于他人煽动情绪的麻醉效应之中,导致舆情的反转、真相的滞后成为网络新闻事件传播的常见现象。更严重的是,很多人在遇到不能解决的问题时,竟一味地对百度百科给出的答复深信不疑,却不知百度百科也是普通网民编辑的,并非一定是所谓的"专业人士"。

媒介技术的进步理应是推进个人思考维度的拓展,但现实是更加固化了意见的围墙。相较于前人喜欢从百家争鸣之中探寻真知,现在很多网民更爱从微博的"心灵鸡汤"、微信公众号的"暖心推文"、百度百科的"词条编辑"中寻求自我认同。事实上,科技手段是一把双刃剑,如若我们不能严格管控自主意识,丧失独立思考的能力,则会让生活受控于技术。显然,善于调控处理媒介素养能力已成为大势所趋,我们不仅需要保留自身独到的见解,还要充分辨析、理解、参与到大众舆论环境中,将自身的内在价值液化入"数字化生存时代"的方方面面。

近年来,教育部对大学生体育测试的合格标准明显逐步下调。而历年的体质调研报告也指出,当代大学生的身体素质与机能均有不同程度的下降。究其原因,便是在科技快速发展的大环境下,大学生群体尚未对"技术泛滥"形成良好的自控力。只要能够用"智能",就绝不会用"人工";只要可以"自动",就绝不会"手动";只要能"线上"解决的,就绝不会"线下"处理。于是,技术的进步一方面给人类带来了更高效便捷的智能生活,另一方面致使人类的身体机能出现了不同程度的弱化。所以,我们除了要跟上时代和技术的变革外,更要在由媒介构建的生活中始终保有独立思索的高度自觉,避免因技术进化之"失"而引发的无穷后患。我们还要在自身成长的关键过程中,处理好自身与技术的关系,权衡好自身媒介素养能力的把握尺度,善用媒介素养的价值标杆去衡量实践过程中的各个环节,趋利避害,让"技术"真正成为服务人的动力源泉。

二、移动时代的媒介素养

(一)后真相泛滥培养"认知与思辨"的悟觉

在众声喧哗的移动传播时代,真相的滞后是信息壁垒致使的信息混乱,亦是网络社群化线上交流过程中的集合反映。而为了有效抑制这种无意识在线围观的社交模式所引发的传播系统混乱,我们需要培养大众"知行合一"的悟觉,以此对媒介传播的信息进行有效甄别和合理解读。换句话说,人们在关注某一社会热点事件时,不要轻易武断地去盲从站队、随意评论、恶意网暴,而是应该结合理论知识与实践经验进行思辨。尽管网络上的反转新闻仍不时出现,但不同的是,大众已在一次次的"试炼"之中逐渐领悟如何去分辨孰是孰非、孰真孰假。

真相是事物的本质,而真实仅是事物的表象,寻求真相的过程是对大众媒介素养能力的综合考量。假若人们恰巧探寻到事件的片面真实,便不假思索地盲从相应的舆论风向,只会掩盖事件的真相。正如大众在观看许某某的媒体采访视频时并没有一味的听信,而是根据以往类似案件的侦破细节和日常生活经验所培养的"知行合一"的悟觉,去思索其反常的"镇定自若"的言语和行为,从而提出合理的猜测并最终得以验证。

在移动传播时代,信息饱和、时间有限、过度依赖媒介致使后真相泛滥的难题难以解决,但就像"狼来了"的故事,反转新闻并不总能"大行其道"。因为大众正在潜移默化地提高自身的媒介素养,结合"用理论指导实践,用实践检验理论"的思维方式,在鱼龙混杂的信息海洋中认知与思辨接触到的媒介信息。

(二)信息碎片化养成"质疑与评估"的嗅觉

移动时代的媒介技术不断迭代进化,逐步催生出具有各类功能的移动设备,给信息碎片化的消费时代带来深远变革,使人们日常获取信息的途径不再局限于传统媒体,而是在新媒体的助力下冲破话语权威中心的桎梏、打破常规,从多元化的传播主体、多样化的传播渠道中接收各式各样的信息。如今,纷繁复杂的传播环境时刻向人们输出着有益或无益、客观或片面、真实或虚假的海量信息,而对于这些信息的价值思辨和真假判断则成为移动时代媒介素养能力的重要体现。

例如,由于移动时代的一切信息皆可量化为数据,智能算法技术日益精准,大众更加难以突破"数字营销"的迷雾。"数字营销"是很多产品、品牌、企业选择的一种网络营销方式,它们通过"撒网式"捕捉用户群像并采集用户信息,继而雕刻用户的画像,加强相关营销信息的精准推送,意图获取算法经济的最大效益。但长此以往,不仅会引发数据造假、流量作弊等营销过载难题,甚至会导致大众因难辨真假而感到营销疲劳,从而出现本能的排斥反应,随之逐步丧失对信息的筛选、鉴别和质疑能力。

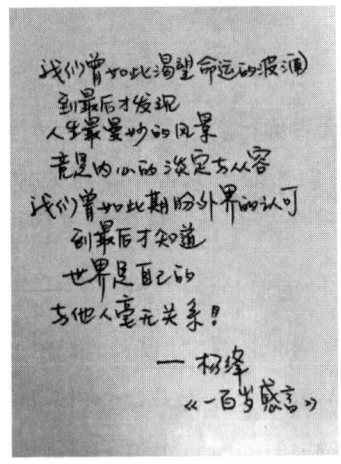

图 3.12　网传杨绛伪作

2016 年 5 月 25 日,著名作家、翻译家杨绛于北京病逝,享年 105 岁。随着她的离开,网络上出现了各种缅怀她的文章,多数文章不约而同地置入了一张杨绛《一百岁感言》的图片(图 3.12),而此图瞬时引发了网友的疯传。正当众人沉思于这段顿悟人生的语录时,人民文学出版社却指出这张图片上的文字从字体到内容都并非出自杨绛本人,而是一位网友为悼念杨绛所作的。

在众声四起的社会文化大环境中,自我对于周遭碎片化信息的整合处理,是考验一个人的处世观和价值取向的先决要素,而这之中,对于信息的认知与甄别更是重要的媒介素养能力。不过,正如网友疯狂对着一张伪作悼念杨绛,却连是否出自其手都丝毫不知一样,大众总是在碎片化的信息汪洋中沉浸于泛娱乐化的"失控"消费,乐此不疲地畅游在肤浅的信息资讯中而不自知。这会造成信息传播环境的极度混杂和无序化。因而我们要在信息泛滥的时代保有主体意识,在面对纷繁冗杂的碎片化信息时,勇于通过质疑与评估等媒介素养能力来调整个体与网络环境的和谐互动关系,为移动时代传播环境的良性运作贡献自己的力量。

(三)智能算法促成"自控与协作"的觉醒

作为移动设备中与人关系最为亲密的手机,结合"智能算法"技术,将无数 App、网站和网页编织成一张大网,牢牢套住每一个用户。我们试着回顾一下当代多数大学生的生活轨迹,睡觉 8 个小时、早中晚餐各半小时、上课 5 个小时,那么剩下的时间呢？微博、微信、抖音、B站、小红书、网游……他们渐渐"安居"于由媒介建构的生活之中。建构材料中，良莠不齐的信息资讯就类似于"水泥"，智能算法则类似于"钢筋"。一开始的水泥可能只够建构一间房，不过，当我们浏览资讯的行为被计入大数据算法，系统就可以智能推荐新的信息反馈给我们。倘若我们接着浏览，系统又会顺势推荐新的信息，如此循环，我们便不可避免地步入这个钢筋建构的"牢笼"。而在这个过程中，由于我们的"配合"，系统便不断反馈新的"水泥"，最终从一间房建构出无数间房。可事实上，它始终只是一间房，一间我们无法挣脱的"信息茧房"。

不可否认的是，这种可怕的现象已经悄然走进了我们的生活。例如，我们已经刷了数小时小红书却仍恋恋不舍，我们打开淘宝却发现页面推荐了我们在抖音上点赞的零食，我们发现网易云音乐推荐的歌曲正是我们在朋友圈点击试听的那一首……

因此，我们每个人都应该打上"媒介素养"的预防针，面对鱼龙混杂的信息，要保持高度自律，严格控制媒介使用的时长、频率和深度，同时在媒介信息环境中时刻保持清醒的主体意识，避免陷入过度媒介化的被动局面，这也是提升媒介素养的重要内涵。尽管智能算法为我们有效筛选了所需的资讯，但同时也在很大程度上阻碍了我们触及更多不同意义的信息，使我们渐渐养成了惰性思维。基于此，自我意识的"控制论"更应成为信息调控的"方法论"。

不过，任何事物都具有两面性，只要应用得当，智能算法也可以其独特的技术优势，助力用户自身发展。由于智能算法的操作基础主要是通过对用户的浏览记录进行分析，基于分析所得数据描绘用户画像，再从中提炼出有效信息进行匹配，从而实现精准定位以反馈用户，所以智能算法推荐的信息也并非毫无用处。用户只要学会从中选择真正有用的信息，就能创造出巨大的价值。同时，用户也要将提炼的优质内容与自身发展相结合，发挥出媒介信息价值的优势，在协作配合之间发挥信息共享、信息共通的便捷性，让媒介为我们的工作和生活提供更合理、更切实的帮助。

三、5G 时代媒介素养有何新的要求

(一) 媒介变革

1. 基于"万物皆媒",善用联动型媒介资源

5G 作为目前尖端的数字通信技术,依托于"万物互联"的移动式网络环境,为媒介发展提供了新的机遇。它让万物之间基于物联网技术形成"机器与机器的智能通信",并在通信网络系统中实现各个终端之间的媒介信息的实时传接,使"万物皆媒"的愿景逐步走进现实。在 5G 时代,随着智能化高端生活环境的不断发展,个人也可作为信息接口链接到数字生态系统中,与各式各样的数字终端在线交流。

同时,5G 通信技术具有高容量的技术特性,每平方公里可供应高达 100 万个联网设备。未来,将有越来越多的新型智能设备出现,并通过时时互联、处处互联形成联动型媒介资源(表 3.1)。

表 3.1　华为公司在第八届全球移动宽带论坛上发布《5G 时代十大应用场景白皮书》[①]

1.云 VR/AR	实时计算机图像渲染和建模
2.车联网	远控驾驶、编队行驶、自动驾驶
3.智能制造	无线机器人云端控制
4.智慧能源	馈线自动化
5.无线医疗	具备力反馈的远程诊断
6.无线家庭娱乐	超高清 8K 视频和云游戏
7.联网无人机	专业巡检和安防
8.社交网络	超高清/全景直播
9.个人 AI 辅助	AI 辅助智能头盔
10.智慧城市	AI 智能的视频监控

因此,5G 时代的媒介变革对大众的媒介素养提出了新的要求。第一,大众要熟练使用各式智能终端,如 VR/AR 穿戴设备、可全息投影的智能手环和各式智能家居等。因为它们不只是 4G 时代的娱乐工具,而是 5G 时代信息写入和输出的媒

---

① 5G 时代十大应用场景白皮书[EB/OL].(2017-11-20)[2024-03-22].http://www.sohu.com/a/241041042_483389.

介。第二,假设你在5G时代关注"7·5杭州女子失踪案",你可以首先通过智能音箱的口播对该案的调查情况有一个大概的了解。然后,你可以通过智能手环,全息投影出网络上热传的相关采访片段,细致观察许某某的神态和肢体动作。最后,你可以通过智能穿戴设备,利用5G+VR技术,全方位超高清地观看警方召开的通气会直播。

由此可知,在获取信息时,大众要充分基于发散性思维,利用不同性能的传播媒介进行综合思辨。也就是说,面对一个新闻热点事件时,我们不要急于通过一段网络言论、一个短视频、一张图便妄下结论,而要善用联动型媒介资源,利用多端化媒介,通过不同的传播技术和形式来全面地探寻真相。在这个智媒联动的新媒介环境下,我们更要善用媒介素养能力去开掘媒介更多的可能性,让技术的"联动"更好地为我们的精神文化生活服务。

2. 管控"自主意识",避免陷入"信息孤岛"的被动局面

在4G时代,数据更多地意味着价值,即只要采集足够多的信息,将其转化为数据,就可以从中开发出潜在价值,以此创造新的价值。而在5G时代,数据不仅是一种资源,更是人们在数智化生存环境中赖以生存的"氧气"和推动万物互联的"基础设施"。不过,光有数据只是纸上谈兵,

图3.13　应用于医学领域的可吞咽传感器

人们还需依赖对数据进行采集、传输、处理、存储、反馈的"传感器"(图3.13)。并且,随着人工智能、云计算、环境监测、自动驾驶、智能家居等技术的加速发展,传感器市场的前景一路飘红。5G时代的万物皆是终端,而端口之间的互联互通则是基于媒介信息的传接、数据需求的满足和传感器的智能操控。所以,当大众的生活空间被各式智能端口构建时,维持生活的正常运转不仅需要水电,还需要彼此之间互相传接的媒介信息,以及各个端口的智能传感器对数据的集中处理。

例如,当你想了解信息资讯时,手机会通过传感器反馈的数据来描绘你的"画像",从而进行精准推送。假如你每周末都要去电影院看一场电影,那么周五至周日,你将刷到院线最新电影的相关资讯;假如你每天都要开车前往某地上班,那么

你清晨起来刷牙时,厕所里的梳洗镜便会显示你即将行驶路线的当前车况;假如你去医院复查糖尿病指标,用手机支付了相关药物的费用,当你在超市准备购入一瓶可乐时,你的手机支付页面便会提醒:"请注意身体健康,糖尿病患者应减少高糖饮料的摄入。"

长此以往,建构生活的媒介甚至比你还要更了解你自己,而"传感器"就变成了一双无形的"眼睛",时刻"计算"着你的生活,从而在一次次的数据反馈中引导你走进"无边的围墙"。因此,面对复杂的媒介信息传播环境,我们应结合媒介素养合理使用媒介,规范个体的道德修养,并深刻认识到媒介的本质只是一种工具,而非生活的主导者。同时,我们要提高警惕,不要一味地盲从媒介终端的反馈信息,避免陷入"信息孤岛"的被动局面,成为媒介的附庸。

(二) 内容变革

1.基于"万物互联","数智消费"赋能产品传播新形态

5G时代的技术力量让市场不断激发出新的挑战与机遇,与此同时,传播内容的变革也借助5G网络技术实现整合聚能,将大众的"心中所想"转化为"现实所像"。在数字经济蓬勃发展的大环境下,人们能够在线利用媒介进行各式消费体验,媒介传播的内容不再局限于创造数字娱乐的各类信息资讯,而是变为消费产品的在线产销。

正如2016年开始兴起的电商直播,它利用线上直播的形式,在线推广美妆、食品、家电、服饰等线下产品,不仅创造了数智消费的新形态,还迎来了经济市场的新丰收。在消费体验上,万物互联的数字生态系统更是向消费者提供了三维的即时的沉浸式体验。消费者在家就可以借助VR/AR智能穿戴设备,模拟到实体店进行购物的场景(图3.14),强烈的参与感使人们沉浸其中,感受到虚拟与现实融通所带来的"身临其境"。

在5G时代"内容变革"的背景下,数智升级塑造了数字传播的新形态。因此,我们更要积极深入地参与新媒介并快速融入其中,适应万物互联的新媒介环境,与变革后的"数字"内容更好、更快地交互。而这同样也是驱动"新媒介素养"的内在要求。在数字内容产业升级转型的变革阶段,我们更要切实把握好时代的脉搏,努力提高自身的媒介参与性,为建构和谐共生的媒介大环境添砖加瓦。

图 3.14 阿里巴巴利用 VR 技术推出交互购物方式"Buy+"

2.维护"个人信息",防范"信息泄露"的安全隐患

当消费空间不断拓展、消费需求得到满足、消费体验得到智能化提升后,我们就势必要对维护"个人信息安全"给予更多的重视。因为消费行为本身就关乎交易双方的诸多隐私,包括住址、电话、身份信息等,所以在利用媒介作为交易中介时,个人要加强防范意识,网络信息安全监管部门也要创新治理方式。

在 4G 时代,区别于传者与受者之间"皮下注射式"的内容传输模式,当用户通过各个数字终端与线上新闻热点进行双向对接时,用户的注册信息等隐私就悄然流入不法分子的黑色产业链。不过,在 5G 时代,信息授收行为借助区块链技术的"非对称加密算法"得到有效保障。此前,当传者在线给受者发送信息时,经常使用的是"对称加密算法"。于是,常有黑客中途拦截信息,将其私自拷贝后进行技术性窜改,再继续发送,以致用户隐私和传者信息均遭到恶意窃取。但非对称加密算法则是通过不同的密钥进行加解密,以达到防泄漏的双重保障,即先利用公共密钥进行加密传输,再对收到的信息以私有密钥进行解密。例如,当 A 需要传输信息给 B 时,A 先用 B 的公共密钥进行加密,待信息传送至 B 处时,B 再用自己的私有密钥进行解密,方可看到信息内容。因此,我们每个人都可在 5G 时代积极利用"非对称加密算法",依靠这两把"密钥管家"自主守卫隐私安全,维护好个人权益。

在这种新型传播系统中,我们要提高自己的社会交往型媒介素养,在网络交往环境中,不仅着眼于自我的需求,更要学会在这种开放式社交模式中尊重自己与他人的隐私权,以保障网络信息流通的常态化、稳定化、高效化。5G 时代的互联互通并不是指人们彼此"赤裸裸地坦诚相见",而是要在维护个人隐私、尊重他人隐私、共同防范"信息泄露"安全隐患的基础上,抓住 5G 的巨帆,更快、更稳、更好地行驶在数据海洋上。

第四章 生产与制作篇

▶学习目标

1.分析媒介生产与制作的基础方法。
2.分析媒介生产与制作的进阶方法。
3.分析媒介生产与制作的高阶方法。

培养我们对媒介信息进行认知、选择、分析、批判、理解的视野和能力,这是媒介素养教育的首要目标,也是媒介素养的第一重能力。它就像一个杠杆权衡于媒介与受众之间,我们需要从自身出发,通过媒介素养教育来实现对媒介的控制和使用,这也是一个拓展自身视野的过程。可见,媒介素养的第二重能力是我们正确使用媒介、有效利用媒介的能力。

早在20世纪20年代,美国新闻评论学家沃尔特·李普曼就对信息的性质,以及大众选择和处理信息的过程进行了深刻的分析,并在其著作《公众舆论》中初次提出了"拟态环境"的概念。拟态环境即信息传播媒介通过对社会现实中的标志性事件或信息进行选择、处理和加工后,在大众视野中构建的信息化环境。我们每天都会主动或被动地接收来自手机、电脑等数字终端发出的信息文本,数以万计的信息都在我们的大脑中等待着进一步解码。而在大脑能动地处理信息的过程中,媒介素养的作用就显得尤为重要。

我们通过媒介素养教育,可以建立正确使用媒介信息的价值体系,从而将其应用于艺术创作中。艺术类专业作为我国教育体系的重要板块,更要积极落实和完善专业型人才的媒介素养教育,针对专业型人才的特殊属性,将媒介素养教育渗透到学生学习和生活的方方面面,形成一体化的教育策略。

党的二十大提出的"加强全媒体传播体系建设"与"健全网络综合治理体系"战略部署,为破解信息环境乱象提供了根本遵循。网民素质差异导致的网络生态问题,本质上反映了中国式现代化进程中"物质文明与精神文明协调发展"的深层要求。这对学生以"六个必须坚持"为方法论,特别是坚持人民至上、问题导向的系统思维,主动提升信息甄别、价值判断和艺术转化能力提出了时代命题。2021年河南遭遇罕见特大暴雨灾害,但在暴雨期间,许多艺术类专业型人才发挥自身特长,以绘画、摄影、短视频等形式,记录抗洪救灾的感人瞬间,定格一线救援人员,歌颂他们的无畏勇气与无私奉献,积极向大众传递正能量,弘扬社会正气。在此关键时刻,深化媒介素养在创作层面的重要性不言而喻。唯有具备良好的媒介素养,方可在海量信息中精准筛选出真实有效的内容,借艺术创作传递温暖与力量,避免不实信息传播,切实发挥艺术作品鼓舞人心、凝聚力量的作用,通过情感共鸣强化主流意识形态传播效能。这既是"全党要把青年工作作为战略性工作来抓"的生动注脚,更是"增强实现中华民族伟大复兴的精神力量"的创新路径。

第四章主要探讨融媒体时代下艺术类专业媒介素养的生产与制作方式,通过基础篇、进阶篇、高阶篇来讲述当代大学生如何充分调动自身的媒介素养能力去更好地完成艺术创作。基础篇分别以声音(语言、歌声)和身体这两种媒介作为梳理分支,探讨在当今"人手一支麦克风"的社会环境中,公众应当如何调动触手可及的媒介形态来净化媒介信息传播的公共环境,发展和提升自身的媒介素养,从而实现个人的自我价值。

进阶篇从文字、绘画、音乐、图片、影像和产品设计等六个小节依次展开叙述,致力于深度激发大学生媒介素养制作层面的"信息触觉"和创新潜力,培养和引领大学生健康的媒介观,使其了解和掌握各种媒介渠道,增强与媒介形态的互动和反馈能力,为将来的就业发展打下坚实的媒介素养基础。

高阶篇针对各个专业的突出属性和学科关联度,分别对多媒体(立体影像、自媒体、短视频、H5)和装置艺术进行点对点、面对面的详细讲解。在数智时代的行业发展中,基于人工智能、VR、AR 和区块链技术等多维技术,传统的媒介素养能力已经无法满足社会发展的需要,新媒介素养能力的重塑显得尤为关键。这对专业人才的信息甄别、图像捕捉和处理能力提出了更高的要求。因此,艺术类专业型人才更要有自我革新的勇气,充分学习并利用新兴技术,适应市场大环境的变化,抓住时代的脉搏,积极调用自身的媒介素养能力,投身于艺术创作,实现自我的良性发展,努力担起矢志报国的使命,成为具有崇高追求的新时代青年。

第一节 基础篇

一、声音——耳听是否为真

(一)语言——如何用语言正确地表达自己

法国生命哲学家亨利·柏格森(Henri Bergson)在《创造进化论》中指出:"语言被认为是——过去和现在皆如此——人的一种技术,作为人的自然有机体的一种延伸或是外化。"[1]麦克卢汉也认同这种观点,并提出语言能力使人得到延伸和拓展。[2]语言是记录人类文明的历史化的客观载体,同时是兼具人类感性和理性的符码形式。人们通过沟通过程中的编码与解码,在声音的介质中传情表意。语言这一符号系统中包含着词汇、语法、语气和常用语等基本句法规则,通过对规则样式有机排列组合,完成自身信息的正确逻辑输出。

语言是一门艺术,古语云"一言可以兴邦,一言亦可丧邦"。林语堂在《说话的艺术》一书中肯定此观点并补充道:"说话说的好,小则可以欢乐,大则可以兴国;说话说的不好,小则可以招怨,大则可以丧生。"[3]在林语堂的笔下,"语言"之于一个人的自我塑造具有至关重要的作用。对于如今正接受高等教育的大学生而言,良好的语言表达能力是检验自身素质的必要条件。良好的语言表达能力不仅对于维系亲朋关系、师生关系大有裨益,从长远来看,对于自身的社会交际和事业发展

---

[1] 柏格森.创造进化论[M].姜志辉,译.北京:商务印书馆,2004:133.
[2] 麦克卢汉.理解媒介:论人的延伸[M].何道宽,译.北京:商务印书馆,2000:115.
[3] 林语堂.说话的艺术[M].西安:陕西师范大学出版社,2009:2.

都影响深远。这是彰显自身修养与能力的一种方式,也是调和自身情商与智慧的增味剂。

2020年6月,vivo公司发布新款5G旗舰手机vivo X50。该款手机是国内首部自带专业"微云台"的手机。为了增加新款机型的技术推广和宣传力度,在发布会前夕,vivo公司推出该款手机的创意预热短片《2020,连牛排都会说话》(图4.1)。这则广告由位于上海的独立广告创意代理公司KARMA策划制作,广告从一块牛排的视角,配上其独白"这是我第一次,也是最后一次拍照,千万不要把我拍成黑炭",讲述一块牛排被拍时,既紧张又担忧的心理活动。为了一生仅有一次的拍照机会,它流泪恳求手机不要把它拍成黑炭,这戏剧化的情景从侧面反映出消费者在生活中遇到的拍摄难题,并由此宣传了该款手机"微云台"的超强性能。

图4.1 《2020,连牛排都会说话》宣传片

对于消费者而言,单从理论层面出发的特性介绍,在宣传力度上会显得有些让人不知所云,消费者因为看不懂而不为产品买单。所以,广告方"避重就轻",将原本生硬枯燥的官方释义通过生活化的方式进行展现。从广告中,消费者可以看出:首先,这款手机可以让运动抓拍更加稳定,在暗光源的环境下也能清晰成像。其次,它有随着画面逐渐放大主体声源的技术优点。这则广告将原本冷冰冰的技术手段转化为生活化、常态化的"语言艺术"广告样式,戏剧化、情景化地将手机的基础属性展现出来。这就是良好的语言媒介素养带来的艺术创作魅力。

"狭窄又幽深的弄堂里,竹竿纵横交错,晾着花花绿绿的衣裳,这弄堂里的'万国旗',是属于老上海,最充满人情味儿的魔幻现实主义。又是一年岁末,家家户户都要开始大扫除,洗洗涮涮,铺铺晒晒,滴露把一支特别的晾衣架带到了老弄堂,让弄堂里的日常晾晒,变得不太寻常。"2020年,滴露公司联合天与空广告打造"会说话的晾衣架"。这款产品是滴露公司研发的新型智能产品,它打破了传统晾衣架的使用方式,融合了 AI 与投影技术,聚力开创新品质生活。当使用者将洗好的衣物挂在这款晾衣架上,晾衣架就会开启自动追踪扫描传感系统,对衣物进行细菌数量评估。当评估结果不符合标准时,内置的 AI 智能语音系统将贴心地传出语音提示:"记得多一步除菌。"晾衣架"开口说话了",这款新产品第一次出现在上海的弄堂里,就引起了叔叔阿姨们的热烈讨论。不仅如此,为了强化"洗衣服,多一步"的生活理念,滴露公司还在地铁站的长廊中举办了一场别开生面的"衣服年终吐槽大会"(图 4.2)。此次"吐槽大会"邀请到的"嘉宾"有男士的夹克、衬衫,女士的毛衣、长裙,还有婴儿的小棉袄,等等。看似整洁光鲜的衣物,在活动现场,尽力地吐露心中的"不快",吸引来往的路人驻足观看。洗衣服不除菌,衣物便严厉地批评:"洗衣服永远少一步,打算给细菌养老啊。"活动以衣物的口吻"无情地吐槽"细菌的滋生,不乏是一次创新之举。

图 4.2 "会说话的晾衣架"活动展示现场

2023 年 7 月下旬至 8 月上旬,京津冀地区遭遇历史上罕见的特大暴雨灾害。这场极端天气带来了持续的强降雨,多地降雨量突破历史极值,洪水迅速泛滥,冲毁房屋、道路和桥梁,大量村庄和城镇被淹,交通、电力、通信等基础设施严重受损,民众的生命财产安全受到极大威胁。在这场与自然灾害的艰苦斗争中,语言媒介素养发挥了极为重要的作用。抖音博主"地理研究僧",本身具备深厚的地理专业知识和出色的语言表达能力,面对严峻的灾害形势,他迅速行动起来,制作了一系列关于洪水避险、自救知识的科普视频。在视频中,他用通俗简洁的语言,将复杂的地理原理和专业的避险知识转化为大众易于理解和掌握的内容。例如,他详细讲解洪水来临时,为什么要往高处跑、如何判断安全的高地以及怎样制作简易的救生工具等。他生动的讲述及清晰的逻辑让这些视频迅速在网络上传播,播放量累计超过千万次。许多身处受灾地区的民众,通过观看他的视频,掌握了有效的自救方法,在灾害中成功保障了自己和家人的安全。与此同时,当地广播电台的主持人也坚守岗位,展现出极高的语言媒介素养。灾害期间,电台开启24小时不间断播报,主持人以沉稳、坚定的声音,持续向民众传递雨情、水情、道路状况以及救援进展等实时信息。在一次特别的热线访谈节目中,主持人连线被困在洪水中的群众。面对焦急慌乱的群众,主持人运用专业的沟通技巧,温和、耐心的语言安抚对方,引导其冷静地描述所处位置和周边环境特征,为救援队伍精准定位被困群众提供了关键信息,最终成功实施救援。此外,主持人还在节目中穿插鼓励的话语,为受灾群众加油打气,帮助大家树立战胜灾害的信心,稳定了社会情绪。在受灾社区,志愿者也运用良好的语言媒介素养开展工作。他们深入各个社区,组织受灾群众进行集中避险和安置。在与居民沟通时,志愿者使用简洁明了的语言,耐心地解释避险的重要性和具体措施。对于老人、儿童等特殊群体,志愿者更是用亲切、关怀的语言,给予他们安慰和帮助,确保每一位居民都能理解并配合避险安排,有效提升了社区的整体避险效率。

  无论是博主的科普视频、电台主持人的实时播报,还是志愿者的沟通引导,都充分彰显了良好的语言媒介素养在应对灾害时的强大力量。这种实践生动诠释了党的二十大提出的"加强全媒体传播体系建设"战略部署,通过构建权威发声与民众参与的融合传播网络,将"以人民为中心"的发展思想转化为应急传播的生动实践。特别是主流媒体在灾害响应中展现的舆论引导能力,正是对党的二十大强调的"发扬斗争精神、增强斗争本领"要求的具象化回应,体现了中国式现代化进程中"物质文明与精神文明协调发展"的深层逻辑。这些真实且生动的案例,为高校开展媒介素养教育提供了丰富的素材,也为将媒介素养融入艺术实践提供了宝贵的借鉴,让我们切实看到了借助语言媒介服务社会的重要价值。

语言作为一种社会文化载体,从20世纪开始悄然发生着语义的"转向"和"延伸"。语言的形式功能不再拘泥于对客观符号化的意义再现,而是借助自身的造型性、诗意性、逻辑性和情绪性等多种文体调性,不断地在人们生产生活、审美艺术等方面深化、延展、加强。艺术创作者应善于融合语言艺术的形态美、内涵美、意蕴美,同时协调好艺术的创造性与人文精神内核的联动关系,从而使优秀的艺术作品在一字一句的张力之中彰显而来。

(二) 歌声——用歌声传递能量

歌声自古以来就是人们抒发自己对于现实生活感悟的旨趣,它是人们理性与感性杂糅融合的情绪外化载体。古人用"余音绕梁,三日不绝""采菱谁家女,歌声起暮鸥"等溢美之词来表达对于声动梁尘的青睐与赞许。歌声作为一种人体自身拥有的声音媒介,作用于人的听觉感官,将人的内在情绪最大限度地抒发出来。优美的歌声可以感化人、熏陶人、启迪人、塑造人。作为艺术类专业型人才,要善于用歌声的内在魅力去驱动受众审美观念提升的轴轮,推动社会精神文化体系的良性运作。

2017年,一大批文化类综艺节目出现在电视荧屏上,"文字热""诗词热""朗读热"接踵而至,受到广大观众的赞誉。然而,任何节目类型都经不住井喷式生产的无限度消耗,文化类综艺节目也不例外。一时之间,学诗词、记成语、读美文的节目层出不穷,很快陷入了同质化的怪圈,无法取得进一步的突破。但央视的《如果国宝会讲话》节目是一个例外,它将综艺、纪录、文化相互融合,通过讲述国宝"戏剧性"的前世今生故事,带领观众重新领略中华文化的博大精深,成功打造了一档形式新颖的典范性文化类综艺节目。2020年6月,由中宣部、国家文物局、中央广播电视总台联合出品的第三季《如果国宝会讲话》(图4.3)在央视九套强势回归。这档节目自第一季开播以来便广受好评,它因每集短小精悍、制作精良、创意丰富而圈粉无数。在前两季豆瓣评分9.5分的高口碑基础上,本季节目在开播前放出的先导片便延续此前的热度,引发广大网友的热议。"国宝不仅会说话,连RAP也能唱得很溜。"的确如此,这一季的先导片先发制人,在创意策划上赚足了噱头,给文物赋予生命,让其"开口说话"、演奏乐器,甚至还玩起了说唱。"咱说圆就说一个落日圆,咱说乐就乐一个须尽欢,咱说哭就哭他个泪沾襟,咱叫月亮就叫一声白玉盘,咱说爱就爱一个长相思,咱说恨就恨一个生狂痴,咱说高就高一个三千尺,咱说老就老他一个不相识。"整首RAP的词不禁令人拍手称快,而曲调的架构则营造出隽永绵长、含蓄蕴藉的意境。

图4.3　第三季《如果国宝会讲话》宣传片

若在十年前,你可能想不到,这种容易陷入乏味且窠臼的文物科普类纪录片,能以这样生动鲜活的传播形态与外界沟通联结。让传统文化出圈的创意方式就是年轻化、娱乐化、互动化的全新制作模式,可以说,这是《如果国宝会说话》这档节目另一个维度的馈赠。

在文化交流与情感传递的舞台上,歌声同样作为一种极具感染力的媒介,发挥着独特的作用,也体现出不同个体卓越的媒介素养。旅美歌唱家李佳娜凭借对音乐的热爱与执着,以歌声为桥梁,跨越文化和国界,积极传播中国民乐。她自幼在艺术氛围的熏陶下成长,天赋异禀且勤奋努力。从国内舞台到国际赛场,李佳娜不断挑战自我,学习多种风格的演唱曲目,包括德奥艺术歌曲、意大利歌剧、中国古诗词歌曲等,拓宽了自己的艺术视野。她多次受邀在国内外大型活动中登台献唱,身着中国苗族服饰,用天籁般的歌声演绎《圆梦春天》《又唱浏阳河》等经典曲目(图4.4)。她深知音乐是无国界的语言,每一次表演都是向世界展示中国民乐魅力与服饰文化的契机。通过歌声讲述中国故事,传递中国情感,让世界各地的观众感受到中国文化的独特韵味,在文化交流的媒介运用上,她展现出极高的素养。

同样,青岛大学艺术学院副教授张静,在春节假期的意大利罗马街头,通过一场即兴演唱惊艳"出圈"。当时,在万神殿附近,她听到一位老人在弹奏《我的太阳》旋律,便与老人默契配合,用美声即兴演唱。她举手投足间的优雅气质和专业

图 4.4　李佳娜在美国纽约林肯艺术中心演出

的演唱水平,引得路人纷纷驻足围观并拍摄视频。视频在社交平台热传后,收获众多网友的点赞与好评。张静在这个偶然的场景中,凭借对音乐的敏锐感知和扎实的演唱功底,用歌声与意大利的街头文化碰撞出火花,通过网络这一媒介,不仅展现出自己的艺术风采,也促进了不同文化间的交流与共鸣,体现出她在利用音乐进行文化传播时的媒介素养。

而对湖南"95 后"全盲女孩颜康伶来说,音乐更是她探索世界、与外界沟通的重要媒介。自出生便生活在黑暗中的她,凭借对音乐的热爱和天赋,努力学习多种唱法。从特殊教育学校毕业后,即使工作忙碌,她也从未放弃音乐梦想。在朋友的建议下,颜康伶开始尝试录制唱歌视频并上传至网络。她借助手机语音助手,反复练习每一首歌,通过不懈努力,她的翻唱作品在网络上收获了大量关注,如《是妈妈是女儿》的翻唱获得近千万次播放,点赞量超 200 万。她通过音乐与互联网结识了众多爱好音乐的朋友,成为一名全职音乐博主,还将部分直播收入用于公益捐赠。颜康伶利用音乐和网络平台,打破自身身体条件的限制,让自己被世界"看见",实现了个人价值与社会价值,在运用媒介展现自我、传递正能量方面表现出色。

歌声不仅是艺术的表达,更是一种强大的媒介。通过恰当的运用,它能够跨越文化、地域和身体条件的限制,实现文化的传播、情感的共鸣以及价值的传递。

弥尔顿曾说:"音符中蕴藏着如此悦耳的催人奋进的力量。""人与人之间进行分享和交流的思想感情形成了文化的情感轮廓和结构。这些'感情的结构'渗透并作用于日常生活体验,是社会生活赖以组织和表达的主观条件。"①歌曲是人类情感输出的重要方式,我们应善用歌声的情绪张力,结合自身的媒介素养,用歌声传递社会正能量。

二、身体——通过肢体去"发声"

人的身体是一个综合了性别、艺术、观念与历史的多元符码单位。在日常生活体验中,我们通过头脑的神经中枢系统输出神经传导指令,由神经传导指令支配身体进行自主活动。作为人体自身专属的媒介样式,与语言、歌声等形式相同,身体媒介的自然属性兼具行动性和目的性,具有传情表意的实用功能。

例如,2013年12月1日是第26个"世界艾滋病日"。这天,在武汉光谷广场步行街的路口,有34位来自湖北工业大学"防艾·控艾"的学生志愿者,陪伴着一位年满18岁、身材瘦弱的"小灵宝"李铭在路边向来往的行人征集拥抱(图4.5)。李铭在6岁那年的一场手术中,由于医院卫生条件不佳而意外感染上艾滋病,他是为数不多公开自己艾滋病感染者身份并且反对歧视艾滋病的号召者之一。他手持"我是艾滋病感染者,能给我一个拥抱吗"的宣传板,微笑地面对每一个前来拥抱他的热心市民。在短短两小时之内,他便获得了60多名善良市民的拥抱。"小灵宝"通过"身体"告诉社会大众,人们应该科学认识艾滋病,学会理解,学会包容,不再"谈艾色变"。

图4.5 现场留影

---

① 罗尔.媒介、传播、文化:一个全球性的途径[M].董洪川,译.北京:商务印书馆,2005:156.

我们再将目光聚焦在艺术领域,身体的"媒介化"趋势在20世纪20年代初期,便已经发展成为"行为艺术"的综合性媒介艺术样式。"行为艺术"是将人的身体作为媒介,进行艺术表现的新艺术门类。创作者将个性化创作理念通过肢体动作或面部表情传达给观众。前卫主义、达达主义、偶发艺术和超现实主义的艺术家开拓了新的艺术表现形式,将身体、装置、材料和舞台等多种表现形式结合起来创作,赋予了传统艺术作品新的可能性和创造力。青年艺术工作者应善于用"身体"去发声,给予作品更多可感知的召唤,增加其艺术灵性,传达超越语义层面的艺术生命力。

美国超现实主义视觉艺术家、摄影师约翰·鲍勃莱登(John Poppleton)是擅长利用唯美粒子光源、荧光颜料和精灵元素绘制人体绘画的视觉艺术大师。他的作品常常选用女性模特作为视觉表现主要元素。2015年,约翰·鲍勃莱登发布系列作品 *Black Light Bodyscapes*(图4.6)。他在女模特的后背涂上无公害的淡紫色、绿色、橙红色和冰蓝色荧光颜料,将日落潮汐、海洋山脉、璀璨星夜等唯美的自然风貌一一呈现出来。这般奇思妙想的创作在充分发挥画作本身的人文价值的同时,也

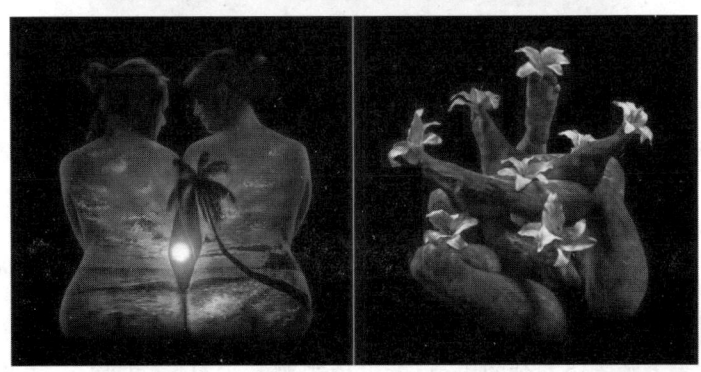

图 4.6 *Black Light Bodyscapes* 系列作品

最大限度地结合模特自身的身形优势,营造出奇幻的视觉效果,引领人们获得一种超现实主义的视觉冲击和精神体验。

《只此青绿》是一部以北宋传世名画《千里江山图》为灵感创作的舞蹈诗剧,通过现代舞姿与古典美学的交融,将千年青绿山水"活化"为舞台上的流动画卷。该作品由周莉亚、韩真担任总编导,以"展卷、问篆、寻石、淬墨"等篇章为叙事框架,讲述了一位故宫研究员"穿越"至北宋、见证画家王希孟创作《千里江山图》的跨时空艺术对话。创作团队历时近两年深入研习宋代诗词、绘画及传统工艺,并邀请非遗传承人指导,力求还原宋代美学意境。舞者需调整体态展现"溜肩佝背"的宋人风韵,通过下沉气息与沉稳步伐展现山水之厚重,突破传统女子群舞的柔美局限,赋予舞蹈雄浑的魂魄感。作品不仅以舞姿复现《千里江山图》的青绿设色,更隐喻"绿水青山"的生态价值观,体现出传统文化与现代精神的共鸣。

当"身体"以媒介的形式存在时,它便被赋予了新的价值和意义。艺术创作者需把握好"身体"媒介运用的尺度与标准,让"身体"更好地"发声",传达出超越本身意义的新思维。

第二节 进阶篇

一、文字——怎样的文字才不算夸张

文字的演变是见证人类文明历史进程的"坐标系"。在人类文明伊始,人们用肢体动作和简单的声音来传达信息与交流情感。为了摆脱现实时空关系的束缚,人们创造出文字。古老的象形文字里蕴含了祖先匠心独具的智慧结晶,并开始诉诸人们的视知觉。随着人类文明的发展,字体演化开始转型,从图画性质慢慢趋于表意形态。在演变过程中,文字开始被广泛地书写、流传。中国的汉字经历了悠久岁月的洗礼与打磨,一撇一捺、纵横交错之间显现出张弛有度的框架轮廓和古香古韵的诗意情怀。

书法艺术大师笔锋苍劲的墨色佳品,值得观者去打磨、去赏玩、去推敲。字体彰显了艺术家的心性,力度体现了艺术家的心境,运笔则尽显艺术家的心裁。从文

字中,我们可以解读出艺术家的百态人生。因此,我们应当提升媒介素养,在文字的设计、书写、落笔中体会到其中独特的人文情怀。

随着市场竞争的日益激烈,不少传统品牌为了顺应时代潮流,开始求新自变,在品牌定位、设计、宣传、策划等方面作出了调整与创新,国产运动品牌李宁就是其中的代表。2015年,李宁公司推出了"互联网+运动生活体验"的理念,迈出了转型突破的关键一步。经过三年的沉淀,2018年,李宁公司主打的"国潮"运动系列登上了纽约时装周。2019年,该品牌为了更好地贴合传统文化的设计理念,将"古法拔罐手法"和"文字艺术"嵌入品牌宣传广告设计之中,增强了品牌的人文主义调性。李宁公司联合业内顶尖的广告创意和运营团队赤马公司、奥美公司进行广告制作,将广告主题定为"拔罐宣言"(图4.7)。制作团队邀请了数位身材健硕的运动健儿担当广告模特,利用3D打印技术定制出专属的拔火罐。经验丰富的火罐师傅凭借精湛的手法,将火罐内嵌的不同文字通过拔罐印于模特的背上、手臂上、腹肌群上。"越痛越炼""More Pain More Gain"等朱砂红色的宣传标语配以坚毅粗犷的字体,诠释着永不服输、敢于拼搏的运动精神。有力量感的文字将品牌精神与热血释放出来,在增强品牌理念的同时,鼓舞了运动健儿的熊熊斗志,引领了全民健身的热潮。

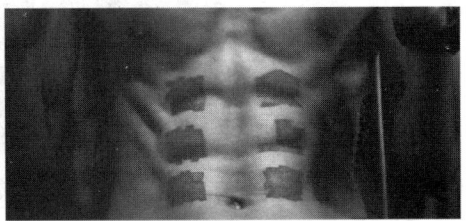

图 4.7　李宁公司"拔罐宣言"创意广告

文字是一个国家、一个民族,更是一个时代的群族记忆编码。著名画家丰子恺,以其充满生活情趣和人文关怀的漫画作品闻名于世,而他的文字同样为大众带来诸多启发。他常在漫画旁配以简洁却富有深意的文字说明。比如在一幅描绘孩童在春日放风筝的漫画中,他写道:"儿童散学归来早,忙趁东风放纸鸢。春日之乐,莫过于此。"寥寥数语,不仅点出画面意境,更唤起大众对童年纯真快乐的回忆,让人们在欣赏画作时获得情感共鸣,体悟生活中的美好。此外,他还通过撰写散文,如《护生画集》的文字部分,以通俗易懂的语言阐释对生命的尊重与热爱,倡导珍惜万物、心怀仁爱的价值观,用艺术和文字教化大众,提升大众的精神境界。

雕塑家潘鹤在创作《艰苦岁月》(图4.8)时,在相关创作阐述文字中写道:"这尊雕塑是对革命先辈们的致敬,他们在艰苦岁月里的坚守与希望,是我们前行的动力源泉。"这些文字帮助大众更好地理解作品背后的历史意义和精神价值,让人们在欣赏雕塑时,能深刻感受到革命先辈的伟大精神,从而激发大众的爱国情怀和奋斗精神,起到教育和鼓舞大众的作用。

图 4.8 《艰苦岁月》雕塑

作家兼插画师几米的绘本作品深受广大读者喜爱。在《向左走,向右走》(图4.9)这本绘本中,他用细腻的文字讲述了两个住在同一栋公寓的男女因习惯不同而总是错过彼此的故事。文字与插画相互映衬,如"他们彼此深信,是瞬间迸发的热情让他们相遇。这样的确定是美丽的,但变幻无常更为美丽"。通过这些文字,几米为大众在情感和人生哲理方面提供思考与慰藉,服务于大众的精神世界,让读者在阅读绘本的过程中获得心灵的滋养。

文字被重新定义书写、解构设计后,厚植了创作者的心血与情感。作为社会价值的"涵化"武器,文字一直扮演着服务和教化大众的职责。艺术类专业型人才应全面调动自身的主观能动性,将媒介素养能力化为前行的准则与标杆,努力进行艺

图 4.9 几米《向左走,向右走》

术创作活动,服务奉献社会,提升自我价值。

二、绘画——学会在画笔和画布间绵延情怀

赵孟頫《论画》诗云:"石如飞白木如籀,写竹还应八法通。若还有人能会此,须知书画本来同。"中国书画同根同源,古人将情怀寄于诗或寄于画,自古迄今,统纪分明,蔚为大观。绘画艺术在中华大地上经历了千百年,兼收并蓄了民族化的形式传统与精神内核,进而演化为如今综合了思维模式、哲学观念和审美范式的复合性艺术形态。

在古老的墓室文明中,壁画中富有形式感的人物造型和连续叙事的动作隐喻,完美地展示了图画所具有的叙事能力。随着汉代墓室艺术的兴起,历代均有大墓采用此图说的方式。著名的画像石和画像砖就是通过连续图像的方式,清晰明了地再现了墓主人生前的生活情景,如《武斑祠画像石》(图4.10)。

图4.10 《武斑祠画像石》

这种使用连续图像进行创作的方式在我国并不鲜见,晋代顾恺之的《洛神赋》就是采用长卷轴画的移步换景的方式来描述连续的故事(图4.11)。北魏的敦煌壁画更是将这种连续图像表现得淋漓尽致,生动的角色造型和极为主观的画面表达,与现代漫画艺术有着异曲同工之妙。例如,莫高窟257窟的《九色鹿王本生图》就是经典的连续图像,其将九色鹿的传说通过图像完美地呈现出来(图4.12)。此外,其他石窟中的经变图也通过这种图说的方式,生动形象地讲述着经典佛教故事,在历史上留下了长久的印记(图4.13)。

图4.11 《洛神赋》

图4.12 《九色鹿王本生图》

图4.13 北魏敦煌壁画

在印刷术还未出现时，人们传递信息比较困难。但那时的人们就已经尝试用类似长卷画的方式，在有限的区域和空间内传递信息，使原本虚无的思想和语言信息能够通过图像物像化地表达出来。

自宋代活字印刷术出现后，与文字相结合的插图开始出现。到了明清之际，随着商品经济的发展，民间出现了诸多反映民众生活的文学小说，与文字相结合的文学插图也得到了极大的发展。时至今日，绘画艺术不仅包含图像、符号、文字等视觉语言，甚至超越视觉的立面跨越到四维空间。

审美对于个人发展是极其重要的，美育在教育中不可或缺，它引导人们感受美、发现美、创造美。真是艺术的生命，善是艺术的品格，美是艺术的本质。我们在欣赏绘画作品时，也要学会感受创作者绘画的主观性。这种主观性就是重塑自身的思维模式，通过真听、真看、真感觉的日常化体验，在大脑中自主能动地建构一个主观的对照性想象空间，从而在思维行径中结构化、具象化表达对象。欣赏大师的作品，就是要在他们的艺术精神和作品中汲取营养，提高自己的鉴赏能力。不仅欣赏大师的画法、构图、着色，更要感受他们如何表现自己的生活，表现自己的所见、所想、所思。在欣赏的过程中，我们不仅能提升专业技能，还能丰富精神世界，在潜移默化中提高自身的媒介素养，为艺术创作添砖加瓦。

当代绘画艺术作品注重遵循内心，对生活进行感性化的解读呈现。例如，2009年，广州一家服饰品牌在设计产品宣传海报时，邀请知名艺术家结合"爱自然、爱自由、爱生活"的品牌理念，设计富含创意的插画艺术作品。艺术家巧用简笔画，将生活视为一个富有深意的谜，将符号化的视觉语言注入服装概念化的艺术设计，那些温暖的色调、光滑的线条、有力的笔触能让观者直观感受到艺术家沉浸其中的创作乐趣。于是，在艺术家的造型表现中，自然与生活有机联结在一起，观者可以品生活之意，觅自然之思。

在广阔的艺术领域中，绘画作为一种极具表现力的媒介，不仅是艺术家情感与创意的载体，更能在社会文化层面发挥重要作用，体现创作者卓越的媒介素养。

艺术家叶浅予，是中国现代漫画和生活速写的奠基人之一（图4.14），他的作品聚焦社会现实，以绘画为媒介展现时代风貌。在抗日战争时期，叶浅予创作了大量抗日主题漫画，如《战时的重庆》系列。他用简洁有力的线条和夸张的表现手法，描绘出日军侵略中国的暴行以及中国军民英

图4.14　艺术家叶浅予

勇抵抗的场景。这些漫画通过报纸、杂志等媒介广泛传播，激发了民众的爱国热情，凝聚起全民抗战的力量，展现出艺术家借助绘画传递社会关怀、鼓舞大众的卓越媒介素养。

画家黄永玉以独特的绘画风格和深刻的文化内涵著称，他的代表作《阿诗玛》系列插画（图4.15）用细腻的笔触和绚丽的色彩，将彝族民间传说中的阿诗玛形象栩栩如生地展现出来。这些插画不仅在艺术审美上给人带来享受，还通过书籍等媒介，让更多人了解到彝族文化，促进了民族文化的传承与传播，体现出他对绘画媒介在文化传承方面的巧妙运用。

数字艺术家曹雨西，在绘画领域积极探索创新，将科技与传统绘画结合起来。他的作品《瞬息万变》利用数字技术和编程算法，创造出动态的绘画效果。画面中色彩和线条不断变

图4.15　《阿诗玛》插画之一

幻,仿佛是流动的光影诗篇。这件作品通过数字展览、线上平台等新兴媒介展示,打破了传统绘画展示空间和时间的限制,吸引了众多年轻观众的关注,为绘画艺术的传播开辟了新途径,彰显出他在利用新媒介推动绘画艺术发展方面的高素养。

绘画是一场灵魂的旅行,艺术家用心、用笔穿越时空,在画中找到属于自己的生活,让精神自由自在,在平凡中欣赏生活,在画笔和画布之间绵延情怀,用笔墨丹青画出自然清新的不俗人生。

三、音乐——用音乐说出自己的心里话

柴可夫斯基曾说,无论音乐、文学或其他任何艺术,按它们真实的意义来说,都不光是为了单纯的消遣。美妙的声音能激发我们美好的情感,荡涤我们的心灵。音乐是向人传递情绪、表达情感的听觉艺术,"凡音之起,由人心生也"。音乐通过旋律,表达出创作者最真挚细腻的心里话。

如果用音乐的形式来展现四季的变化,你觉得会是怎样的呢?2019年末,在德国汉堡的易北爱乐音乐厅里,一个技术精湛的乐团——北德广播交响乐团在指挥家艾伦·吉尔伯特的指挥下,基于过往天气数据算法,对《四季》进行重新设计,向在场近千名观众演绎了这首被重新"定义"的维瓦尔第小提琴协奏曲(图4.16)。原有的曲子经改编后,平静舒缓的氛围被打破,转而融合了表现四种不同季节的和弦音、鸟鸣和自然沉寂的声响,使曲调听上去紧凑、震撼。冰川消融、臭氧层被破

图4.16 改编《四季》现场展示和概念展示

坏、全球变暖、土地荒漠化、生物多样性逐年减少，自然资源的过度开发酝酿了人类未来灾难的苦酒。音乐是跨越语言、跨越国度的，北德广播交响乐团通过音乐，让在场的听众用感性的方式思考全球气候问题。霍金曾预言："如果全球变暖持续加剧，人类将无法在地球上生存。"艺术家发挥自身的媒介素养，通过这首音乐作品，将所思所想转化为跃动灵性的音符，启迪在场听众的认知。

  2019年在腾讯QQ上线20周年之际，腾讯公司联合瑞幸咖啡特别企划了"QQ1999beta体验"活动。此次活动主打怀旧主题，在线上和线下同时进行。在线下，瑞幸咖啡设计团队打造了QQ1999beta版主题店，悉数还原1999—2019年QQ陪伴我们的记忆场景。线上活动则委托北京对立方公司，通过H5动态网页浏览的形式，将1999—2019年QQ的经典提示音以及从每一年的流行音乐中提取出独特的符号，串联起用户的回忆线。在网页的交互界面上，伴随着时间线，用户可以通过点击屏幕上的定制版黑胶唱盘，一起穿越到1999年的青葱时光。音乐是超越时间和空间的艺术语言，20年的时代变迁，带走的是匆匆岁月，留下来的是浓浓情意。

  《听！1999年的经典声音》(图4.17)同样采用了"制造熟悉度"的创意形式。"制造熟悉度"的特点是通过对人们熟悉的"旧元素"重新进行组织，勾起观者的回

图4.17 《听！1999年的经典声音》现场展示和作品展示

忆,从而达到情感上的共鸣。对于一些用户基数大的老品牌和老事物来说,这招百用百灵。广告运营团队抓住了音乐的时空性、情绪性等特点,成功地击中了用户的心灵。

德国哲学家叔本华认为,区别于其他艺术样式,如绘画、建筑等,音乐是生命意志的直接体现。音乐能把宇宙间的一切声音都囊括进去,特别是那些美妙无比的声音,无论欢乐、悲伤、浓烈、清雅,都表达了其他物种情感中很多无法用言语、动作表达的情感,让每个人都能在其中找到属于自己的情感共鸣,这大概就是音乐神奇无比的原因。我们在创作音乐的同时,要心怀媒介素养的价值度量,向大众输送优质的精神补剂。

四、图片——用二维的形式诠释三维的情怀

一台相机、一张照片、一次定格已经充分融入现代人的日常生活,随着各类手机终端设备的技术升级,人们用手机也能拍摄大片。图片拍摄和修图的日常化,让每个人都有机会成为"摄影艺术家"。图片艺术的本质是"表达与思考",但可贵之处在于,它可以定格时间、情绪、思想,甚至让这些无形之物实体化——你可能不懂艺术,但是你会感受到艺术家的所思所想,这是一场不见面的对话。

2020亚洲新生代设计展于2020年7月下旬正式结束征稿,此次展演活动吸引了数百所高校的同学们积极投稿参加,充分地展现了当代艺术类专业大学生的媒介素养、艺术风貌和审美趣味。在此次活动中,多部优秀作品成功地俘获了网友的眼球。优秀代表作品《梦中楼》(图4.18)的拍摄对象是高楼建筑,作品运用叠加的手法,将两张相似的照片拼接到一起。创作者通过这种叠加方式打破常规,用一种梦幻、缥缈的形式展现建筑,体现了当代建筑的独特性和多面性。两个写字楼、居

图4.18 《梦中楼》作品展示

民楼、美术馆、商业楼通过叠加重合,形成空间上的碰撞,给人一种油画质感,造成梦幻、朦胧的意境美。

另一幅热度指数很高的作品《蓝绿红黄》(图 4.19),其创作目的是通过物品的形状、结构、色彩、特性和用途等来反映游戏手柄的发展史。创作者对从初始阶段到最新一代游戏手柄的外观和内部结构进行分解,让人们更好地了解

图 4.19 《蓝绿红黄》作品展示

游戏手柄的发展史,让使用者对未来游戏手柄产生憧憬与期待,从而引发人们购买商品的欲望。该作品通过分解、重构的拍摄手法,传播商品信息,达到了理想的效果。

随着时代的发展,人们的审美水平有所提高,已经不满足于传统建筑摄影的纪实性,而是渴望新的视觉感受。随着图片处理技术的不断提高,人们越来越喜欢用电脑软件对图片进行后期处理,将自己的感受通过独特的视觉方式传达给观者。

作品《拆分》(图 4.20)以高楼建筑为主要元素,通过电脑软件对所拍摄的建筑进行后期拆分,表现在繁华大城市的写字楼里,那些背井离乡的人们看似光鲜亮丽,实际无比空虚。

图 4.20 《拆分》作品展示

图 4.21　作品《大眼睛》

在视觉传播领域,解海龙的《大眼睛》摄影作品是展现图片创作媒介素养的经典范例(图4.21)。20世纪90年代,中国正处于快速发展阶段,但部分偏远地区教育资源极度匮乏,许多孩子面临着失学困境。解海龙敏锐地捕捉到这一社会问题,凭借自身对摄影媒介的深刻理解和使命感,决定用镜头记录下这些孩子的真实状态。为了获取最具代表性的画面,解海龙背着相机深入中国26个省、128个县的贫困山区,走过无数崎岖山路,深入简陋的教室和孩子们的生活场景中。在安徽金寨县桃岭乡张湾村小学,他发现了正在认真上课的苏明娟,拍下了这张后来闻名全国的《大眼睛》。

这张照片构图简洁,主体突出,苏明娟的大眼睛占据画面中心,成为视觉焦点,背景中简陋的教室和破旧的桌椅,无声地诉说着贫困地区教育资源的匮乏,整个画面形成强烈的视觉冲击和情感张力。《大眼睛》一经刊出,便引发社会各界的广泛关注,"大眼睛女孩"成为贫困地区儿童渴望知识的代名词。在社会各界的共同努力下,"希望工程"蓬勃发展,众多希望小学在贫困地区拔地而起,无数像苏明娟一样的孩子获得了接受教育的机会。苏明娟本人也在社会的关爱下,顺利完成学业,从一个渴望知识的小女孩成长为一名能够回馈社会的有为青年。她的蜕变历程展现了"青年强则国家强"的人才培养逻辑,彰显了"物质文明与精神文明协调发展"的中国式现代化特征。解海龙通过《大眼睛》不仅记录了时代,更让一张小小的照片成为推动社会进步的强大力量。

五、影像——用创意表现生活

随着信息革命和科学技术的发展,影像艺术有了更多创新的空间。从语言的诞生到印刷术的完善,再到摄影机和光学镜头的运用,无一不体现着人们对记录和表现的渴望。艺术家从现实生活探寻灵感,诉诸影像时空,受众通过观看影视作品,感悟现实生活。在光影纵横的世界,影像艺术像是一把利剑,展现着人性的善恶。影像中有远离城市喧嚣的乡间烟火,也有阴雨连绵的黑暗角落中的一缕烛光,好似人间百态。

2019年,一年一度区域性国际创意赛事——One Show中华创意节(图4.22)的颁奖典礼于11月15日盛大举办。长春师范大学李露洋等五位同学荣获本次大赛的金奖,作品《三舅二叔中国节,young气又诙谐》结合中国传统节日,用幽默夸张的表现手法,将节日的来历与内涵生动形象地展示给受众,以此传承中华优秀传统文化。鲁迅美术学院与苏州大学联合创作的作品《端宴》获得本次大赛的银奖。该作品结合中国传统节日端午节进行创作,在画面表现上,以粽子为山、糯稻为滩、红枣为舟,船艘随江水东流,岸边人群尽赏龙溪秀水。画面中的人物包括在古桥右侧、端午相遇的白素贞与许仙,独自一人伫立在左岸边忧国忧民的屈原等。该作品在国风传统的调性上强调了现代感,以此唤醒更多的年轻人关注端午节,传承中华优秀传统文化。

图4.22 One Show海报展示

夺得银奖的还有暨南大学王一帆团队创作的《"丸"乐阿中生辰宴》。家乡美食总能牵动国人的乡愁,该作品结合皮影戏,采用定格动画的形式,用万年历作黄油、乒乓球作丸子、毛笔作葱、中国结作辣椒、红双喜作红油、汉字笔画作佐料,辅以剪纸、折扇,将中国文化代表物作为"食材",特制成传统国宴菜"四喜丸子",把对祖国的祝福融入原创歌词中,送"福、禄、寿、喜"为新中国成立七十周年庆生。

这些创作者充分发挥自身的媒介素养,将其运用在现代影像的意义建构上,不仅丰富了画面视听语言,还弘扬了中华优秀传统文化。创作者在表达中传递正确的价值观念,在传递中提升媒介素养。影视艺术成为见证人类成长的启示录,让人们在发现中创造美、引领美。

六、产品设计——用设计的方式向"你"娓娓道来

随着商品经济的快速发展,产品的商业价值和艺术价值成为人们在选购时的考察因素。为了切合产品设计类专业人才的市场需求,不少高校开设了此类专业,旨在培养对产品设计制作流程有清晰认知,并且具有艺术前瞻性的设计类应用型人才。他们能够敏锐地对产品的设计功能、外观形态、使用过程中存在的问题,以及目标消费者的需求进行研究归纳与分析总结,并且根据数据分析找到设计思路和灵感,打造经济产业良性循环的发展模式。

随着消费者对产品功能多样化的需求,一物多用成为主流趋势,集成化设计成为消费者新宠。在满足消费者基础需求的同时又拥有时尚的外观,是如今产品设计的主流标准。来自美国爱荷华州立大学工业设计系的学生 Joe Fentress 设计的作品 *thea*(图 4.23)就体现了这个理念。这款灯具除了外观非常可爱之外,与人的互动也充满可爱属性。你可以通过手的机械式按压控制灯的开关,也可以通过它头上的帽衫调节灯光的明暗。可以说,这是一款有趣又实用的产品。

图 4.23 *thea* 作品展示

来自韩国弘益大学的青年设计师 Jiyoun Kim 的设计因简约大气而备受关注。他的工作室与韩国宠物用品公司 Milliong 合作推出了一款猫爬架(图 4.24)。这款猫爬架底座采用圆形桦木胶合板,上面有三根金属棒,每个支架都是模块化的,以便用户根据自己的想法进行自由的排列组合。

图 4.24　猫爬架作品展示

Jiyoun Kim 还设计了作品《闪电灯》(图 4.25),该作品的灵感源于"晴天霹雳"。他通过这款设计来表达我们要成为那个能在云层上观景的人,而不是闪电云层下孤独无助的人。设计师为现代生活提供了巧妙的解决方案,为消费者的生活空间增添了点睛之笔。

图 4.25　《闪电灯》作品展示

近年来，环保议题成为全球关注焦点，人们对可持续生活的追求日益强烈。江南大学设计学院敏锐捕捉到这一社会趋势，积极引导学生在产品设计中融入环保理念，开展了一系列紧扣时代需求的教学实践与创作活动。在一次课程项目中，学院鼓励学生围绕"城市垃圾分类与回收"主题进行产品设计。学生深入实地展开调研，了解垃圾分类现状与痛点，发现传统垃圾桶功能单一，缺乏有效的分类引导和智能管理，导致居民分类投放准确率不高，垃圾回收效率低下。

基于这些调研结果，学生运用所学知识，充分发挥创新思维，设计出一系列智能环保垃圾桶。例如，一位学生设计的"智能感应分类垃圾桶"，在外观上采用简洁流畅的线条和明亮的色彩，提升视觉审美价值，并配备先进的红外感应装置，当用户靠近时桶盖自动打开，方便投放垃圾；内置高精度的垃圾分类识别程序，通过人工智能算法和图像识别，能够快速准确地判断垃圾类别，并引导用户正确投放。另一位学生着眼于提高居民垃圾分类的积极性，设计了"互动式积分垃圾桶"，通过与手机 App 连接，用户每正确投放一次垃圾，就能获得相应积分，积分可用于兑换生活用品或参与环保公益活动。这种创新设计将环保行为与个人利益相结合，有效提高了居民参与垃圾分类的主动性。

江南大学设计学院的学生通过这些智能环保垃圾桶的设计，不仅展示出扎实的专业技能，更体现出良好的媒介素养。他们将设计作为一种媒介，把环保理念、社会需求和科技创新紧密结合，构建起与社会大众沟通的桥梁，促进公众对垃圾分类重要性的认识和实践，也为环保产品的创新设计提供了新思路，展现出产品设计创作在媒介素养方面的重要价值和积极影响。

产品可以是优雅的，可以是质朴的，可以是宁静的，它有自己的设计理念，有与之匹配的外在形象。在良好的媒介素养基础上，凭借前沿的设计理念，设计师可以拥有更多开放的想象空间。

第三节 高阶篇

一、多媒体——"我"是主角

（一）立体影像——解读重构现实空间

在国家宏观政策的指导下，各个地区积极落实创新驱动发展战略，促进演艺、娱乐、文化装备、创意设计、网络文化制造等多个行业全面协调发展，国民经济支柱性产业以多个重点行业的跨越式发展高效推动文化产业的健康运行。在高效稳定的创新驱动发展战略的指导之下，新媒体呈井喷式发展，越来越多的新技术出现在大众的视野中。

立体影像的产业性应用，为我国文化传播发展注入了新的生命力。进入21世纪，基于数字图像技术的不断发展，许多新型虚拟科技应用于生活中，如虚拟现实技术、增强现实技术、混合现实技术等。在强大的数据技术和体感交互装置的双重支持下，图像技术利用计算机生成的虚拟物象数据叠加到现实空间里，产生了一种虚实结合的奇幻效果。

2016年7月7日，日本任天堂公司和美国谷歌公司一起开发制作的宠物养成类对战手游 Pokémon GO（图4.26）发布。这款游戏利用增强现实技术，对现实空间进行搜索，以此抓捕宠物精灵。作为精灵训练师的玩家在游戏中抓捕的精灵数量越多，等级越高，越有机会抓到稀有的宠物精灵。这款游戏实现了线上线下虚拟现实的交互，一上市就在 Instagram 和 Twitter 上引发热议，引起了一股全民户外抓捕宠物的狂潮，为企业带来了良好的经济效益与口碑。

立体影像同样出现在中国寻常百姓家。淘宝推出了AR购物专栏（图4.27），用户坐在家里就可以随心所欲地挑选自己心仪的商品。在商品经济时代，图像技术顺利地实现了自身的商业价值，重构现实空间给用户带来绝妙的体验是其被时代遴选出来的重要标准。项目负责人抓住时下大众的消费心理，在敏锐的洞察力下，彰显了良好的媒介素养。

图 4.26　*Pokémon GO* 作品展示

图 4.27　AR 购物专栏

在第五次信息科技革命的浪潮之下,传统媒体的制作手法开始变革。例如,中央电视台春节联欢晚会运用 AR 技术,让舞台效果如梦如幻、虚实难辨。2013 年的儿童节目《剪花花》(图 4.28)结合 AR 技术,将雪人搬上舞台,渲染了舞台氛围,给观众带来极强的真实体验感。孙俪和李健在春晚舞台上演唱歌曲《风吹麦浪》(图 4.29),金黄色的麦浪、飞舞的蝴蝶、缤纷的气球让观众犹如置身于麦子丰收的田野之中。使用了增强现实技术后的节目,不但舞台效果出彩,而且更加具有观赏性。AR 技术在春晚中的应用,让已有 40 多年历史的舞台更具时尚性和沉浸感。

图 4.28 《剪花花》节目展示　　图 4.29 《风吹麦浪》节目展示

立体影像在国际舞台上也有全新的面貌。2018 年 11 月 3 日,在韩国首尔举办的《英雄联盟》全球总决赛开幕式上,由阿狸、阿卡丽、伊芙琳、卡莎组成的女子组合 K/DA 给全世界的召唤师带来了惊艳的全新单曲 *POP/STARS*(图 4.30)。这四个成员都是《英雄联盟》游戏里的虚拟人物,晚会导演利用 AR 技术,把她们请上舞台,让她们边唱边跳,并与为她们献声的四位歌手进行实时互动,极大地增强了舞台的丰富性和层次性。这场表演让四位虚拟人物和舞台上的歌手、舞台下的观众进行交互,虚实相交,真实感和体验感极强。这种将传统的节目披上"立体影像"新衣的方式,使节目焕发出新的生机与活力,促成了节目制作的转型升级。

图 4.30 *POP/STARS* 展示

立体影像具有高效性、互动性、多维性等多重特性,数字媒体技术的发展极大地弥补了传统媒体技术的短板,更加贴合现代大众的审美需求。但同时,立体影像的发展对媒体人的媒介素养提出了更高的要求。在新媒体技术的革新中,媒体人应当顺应时代潮流,求新求变,构建"新媒介素养"的价值观念,努力提高自身的热点筛查能力、图像处理能力、信息完善能力、多任务处理能力,以符合时代和社会之需。

(二) 自媒体——做自己的代言人

在新媒体时代,媒体形态的发展日新月异,我们在小小的终端平台就能接收海量的信息。与此同时,媒体变得越发个人化,我们再也不是一个个单纯的"靶子",不再需要媒体将知识"射中"我们的心。我们可以自由地表达自己的观点,表达的形式也是多种多样的。新媒体行业的快速发展,让社交类 App 在互联网领域中的影响力日益凸显,它以日常化的社交生态、交互式的沟通体验、简约化的传播范式赢得了广大用户的青睐。

哔哩哔哩网站(B 站)是国内"年轻人潮流文化社区",用户注册账号后可以上传视频、音频、发送弹幕评论等。B 站的 UP 主一般都是相关领域的爱好者。视频以大分区、细分类的方式方便用户使用。了解 B 站的朋友应该都知道,B 站也是一个学习交流的平台,不少优质的 UP 主会在上面分享自己的学习经验。B 站有的线上课程质量很高,甚至有人说"以前我们偷偷上 B 站追番,现在发现大家居然都偷偷在 B 站上课"。

教育视频是 B 站的一个重要领域,涵盖范围广,受众多。2019 年,B 站推选出校园类优质 UP 主——"二分之绿",这位博主在现实生活中是一位复旦大学的在读文学博士研究生。作为泛文科读书读博类自媒体达人,她常常在 B 站上分享学习方面的各种实战经验,如教你如何制作学术简历、如何检索英文文献、如何高效利用 ONENOTE 辅助论文写作、如何申请公费留学交流项目等。截至 2025 年 5 月,她一共发布了 160 个视频,单条视频点击率最高达到 74.6 万次,在 B 站上赢得了良好的评分和点赞数。作为一位自媒体达人,她发挥自身的媒介素养,紧密结合个人的学习特长与实践优势,在 B 站这个自媒体平台上实现了自己的价值,为广大的粉丝朋友带来了切身的福利。

在自媒体蓬勃发展的当下，许多创作者凭借自身独特的视角和优质的内容，在网络世界中崭露头角。"无穷小亮的科普日常"便是其中一个极具代表性的自媒体账号，彰显出博主卓越的媒介素养，在科普领域发挥着不可忽视的作用。"无穷小亮的科普日常"的博主张辰亮，本职是《博物》杂志的副主编，他凭借深厚的生物学知识储备，在抖音平台开启他的科普之旅。他的选题来自日常生活中人们常见却又充满疑惑的事物，比如网络上流传的各种奇奇怪怪的生物视频，从"怪鱼"到"不明飞行物"，这些看似普通却又极易引发大众好奇的素材都成为他科普的绝佳选题。在内容创作上，张辰亮用幽默风趣的语言风格和专业严谨的知识讲解，打破了大众对科普内容晦涩难懂的刻板印象。他的科普视频中常常会出现一些网络热梗，把专业知识融入生动的调侃中，比如他会用"鉴定一下网络热门生物视频"这句标志性的开场白，拉近与受众的距离。在讲解生物知识时，他会结合实物、图片、动画等多种形式，将复杂的生物特征、习性等知识深入浅出地呈现出来，让受众在轻松愉快的氛围中学习到新知识。随着账号影响力的不断扩大，"无穷小亮的科普日常"收获了数千万粉丝，成为科普类自媒体的头部账号。他的视频被大量转发和点赞，很多网友表示，通过他的科普，自己对身边的自然世界有了更深入的了解，也激发了探索自然的兴趣。张辰亮通过对自媒体平台的巧妙运用，在科普领域展现出强大的影响力，充分体现出优秀的媒介素养。

在新媒体时代，人人都可以成为自己的代言人。但我们也要注意，在这种媒介环境下，涌现出一些人肉搜索、恶意造谣、蓄意造势等不良的网络现象。因而，自媒体一定要心中有"道"，传播优质的正能量内容，净化网络舆论环境，提升网民文化素养，从中彰显出自身的媒介素养。

(三) 短视频——记录点滴，记录美

随着移动互联网技术的普及与发展，媒介融合的革新浪潮滚滚而来。而在当下这个"眼球经济"时代，谁能吸引受众的眼球，谁就能获得巨大的经济利益。短视频以浏览便捷性、内容多样性、表达多元性和视听丰富性等特点，满足了受众获取资讯、休闲娱乐的需求。《中国网络视听发展研究报告(2025)》显示，截至2024年12月，我国短视频用户规模为10.40亿人，使用率达到93.8%。如此庞大的数据规模与如此高的使用率，说明我国迈入了全民短视频时代。

谈了这么久,那么你知道何为短视频吗？短视频指播放时间在5分钟之内且由高频智能算法推送的精选短片,融合了图片、文字、视频等多种媒介形态。短视频的创作思维活跃,能够在短时间内抓住人们的眼球,是短小精悍的审美体验。短视频以独特的视角、时长优势和对生活的摹写给自媒体注入了新鲜的活力。在日常生活中,不少同学积极创作优质的短视频,在平台上进行内容输出,以新颖的创作理念、敏锐的社会洞察力和熟练的拍摄技法大获好评,得到了网友的鼓励与赞许。

2020年5月4日正值北京大学122周年校庆。当天,北京大学和字节跳动公司达成合作,约定北京大学将以视频上传或直播录课的形式,在其抖音账号上传公开课(图4.31)。此次公开上线的课程共有八门,均由北大资深教授直接出镜授课,视频以合集的形式每周在北京大学官方抖音平台置顶栏更新。北京大学相关课程负责人说:"我们希望通过抖音这个短视频平台,让北京大学的优质教育资源被共享,让更多人有机会学习与接触,让知识走出象牙塔,也让更多人能够在刷抖音的过程中学习并实现自我提升。"北京大学作为全国高等教育院校的代表,将学科优势和教学资源紧密结合,创新性地将课程置于短视频平台,打破了原有的学科、院校的空间壁垒,不仅丰富了全民的精神文化生活,还搭建了一个共享、平等的公共交流平台。

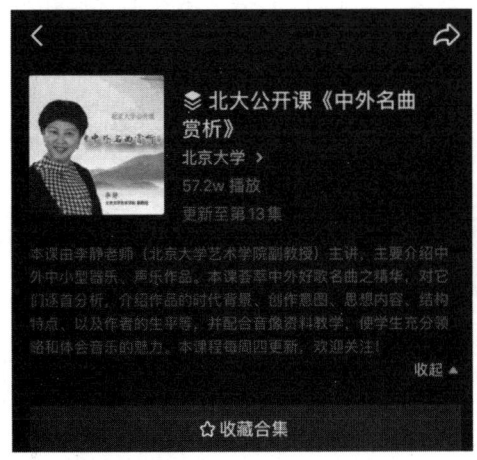 

图4.31 北大公开课

在当今的媒介生态中,微电影广告扮演着情感化叙事引擎与品牌价值渗透器的双重角色。除了品牌推出的微电影广告外,用户自发创作的微电影广告使消费者从被动接收者转变为主动传播节点,实现了品牌认知度和大众媒介素养的双重提升。在全国大学生广告艺术大赛中,南京艺术学院传媒学院的同学们在某知名潮玩品牌的命题下的创作,充分展现出他们对品牌情感内核的深度理解,以及对微电影广告创作的媒介素养和想象能力。在创意策划上,同学们深入理解潮玩品牌在引领潮流、彰显个人审美方面的作用,以及自我陪伴、愉悦心情、疗愈情绪方面的价值。例如,获奖短片《她们》将潮玩 Molly 拟人化为主人公的好友,在主人公常年孤独的生活里始终陪伴着她,为她提供疗愈的情绪价值。此外,潮玩品牌的理念是"成年人也要玩玩具",其用户整体画像是具有一定消费能力、能为情绪价值买单的白领女性,因而《她们》《致反叛又童真的你》等短片都不约而同地选择了成年女性作为主人公,精准契合品牌营销点。在内容创作上,南京艺术学院的同学们展现出较高的影像审美能力和脚本创作能力,使用唯美、浪漫的柔光镜头突出品牌调性,辅以 DV 镜头增强复古感和生活气息。画面中选景多位于花田、草坪、海边、乐园等符合大众对美好生活想象的地点,而在声音制作方面,同学们将同期声与诗意旁白结合,并以简洁舒缓的音乐作为背景声,充分展现了潮玩品牌的调性。在短视频发布与推广层面,同学们以良好的媒介素养积极探索短视频时代的内容分发模式。如将微电影广告时长控制在 3 分钟之内,确保信息密度与节奏紧凑,在消费者碎片化的注意力中构建深度情感连接,同时优先选择抖音、小红书等年轻用户聚集的短视频平台,结合平台算法特性优化内容标签。《她们》上传于小红书之后获得近 5 万视频播放量,1500 多条点赞、收藏和评论。同学们进行微电影广告创作,不仅对品牌营销大有助益,也在策划、摄制、传播的实践中提升了自身的创作能力与媒介素养。

随着信息时代的发展、生活节奏的不断加快,人们的时间已经变得相对碎片化。每个人除了在现实世界中拥有各自的社会角色外,还在虚拟空间中扮演着各种角色。我们应该在短视频的世界里找到新的可能,尽情释放才华,彰显媒介素养,实现自我价值。

(四)H5——用互动的态度诉说动态的美好

H5 技术全称是 HTML5,它是第五个版本的"描述网页的标准语言"。这项技术的问世为当代移动网络的动态互动展示提供了新的可能。在我们的日常生活中,H5 常以动态邀请函、产品推荐界面和游戏互动体验等形式出现。它是通过手机终端的触控设置、屏幕的传感器装置、互动的文本内容和画面的显示界面来展现的。H5 技术出现后,迅速获得了大批用户。它的优势是不用考虑文件格式适配终端的问题,创作者可以直接在线上进行网页的设计制作或者修改调整。在宣传推广之后,受众无须下载储存,可以直接在线上进行浏览和互动。①

"你生活了 8 年零 9 个月的上海,能否听得出它的弄堂声响?你耗尽 5 小时 43 分跑完的北京,能否从一堆声音中找出它的胡同细语?你为寻美食而狠刷 12 公里的广州,能否分辨得出它早晨的热闹声?每一座你用心走过的城市,都值得认真聆听、用心感受。"2017 年 1 月初,凤凰新闻客户端联合某汽车品牌在线上推出 H5 交互作品《听声音,猜城市》(图 4.32)。该作品以广告语"看电影、看直播、看热闹世间百态,你的眼力越来越好,但你的耳朵呢?"为噱头,吸引了大量网友前来体验互动。体验者只要在系统指定的 H5 交互界面上,通过系统提供的具有特色的声音元素"闻声识城",选择相应正确的城市名称即可。系统在每一题答题结束以后,通过小动画形式将与其关联度较高的知识点科普给体验者,让体验者达到边玩边学的目的。例如,体验者在听到空旷深邃的声音,猜测并选择"北京"后,系统会在界面显示该题的命题来源:鸽哨,又叫鸽铃,是一种系在鸽子身上的发声器,鸽子飞动的气流穿过鸽哨发出声响,本是清朝八旗子弟的闲时娱乐,不想却玩出了一门学问。该作品通过 H5 互动游戏的方式让网友从中收获了知识,了解了中国一些主要城市的特征和文化。

图 4.32　H5 交互作品《听声音,猜城市》

---

① 胡晓林,马振龙.基于 H5 技术的微信交互式广告在交互设计方面的"优势整合"创新思考[J].包装工程,2016(24):124-129.

2020年3月，新西兰原装进口A2奶粉携手中国国家地理博物馆在天猫聚划算欢聚日当天，打造了《谢谢你，听孩子说话》H5广告。这支广告以C4D建模和视频拍摄为技术支持，利用立体空间建构的动画视频作为画面依托，总时长达两分钟。视频的开场部分是孩子的声音："爸爸妈妈，这一次，请听我说话！"孩子询问爸爸妈妈五个小问题："不拿奖状，可以吗？不会才艺，可以吗？不设起跑线，可以吗？不外向，可以吗？不和别人比，可以吗？"接着，孩子分别在四个画面空间中叙述自己长大后想成为的模样。广告最后的画面定格在宇宙太空，用户通过点击屏幕弹框提示的"谢谢你听孩子说话"按钮，即可复制淘口令。这个广告以一个孩子的自白串联起整个内容的逻辑线索，受众在看到这个H5广告时能强烈地感受到，父母应该更多倾听孩子内心的声音，支持孩子的个性化发展。由此，媒介素养的社会价值得以多维度、多层次、多方位的展示。

为庆祝故宫建成600周年，故宫博物院推出H5作品《古画会唱歌》，将传统文化与现代科技巧妙结合，生动践行了党的二十大提出的"推动中华优秀传统文化创造性转化、创新性发展"要求，充分体现了对媒介素养的深刻理解与运用。在创意构思上，团队选取多幅故宫馆藏古画，如《韩熙载夜宴图》《千里江山图》等，用数字化技术让画中人物"动"起来、"唱"起来。用户打开H5页面，仿佛置身于古代艺术世界，随着页面滑动，古画中的场景逐一展开，人物或翩翩起舞，或吟诗作对，配合悠扬的古典音乐，营造出沉浸式的文化氛围。这种"科技+文化"的融合创新，正是对党的二十大提出的"实施国家文化数字化战略"的精准回应，通过数字技术赋能文化遗产活化，实现了"丰富人民精神世界"的文化使命。在内容传播方面，作品利用社交媒体平台进行广泛推广。用户在体验过程中，可轻松将喜欢的古画片段分享至微信、微博等社交平台，引发大量用户参与和传播。通过这种方式，《古画会唱歌》成功吸引了众多年轻用户关注故宫文化，使古老的文化遗产以新颖的形式走进大众生活，既彰显了"推进文化自信自强"的深层逻辑，同时也有效地提升了传统文化的传播力与影响力，充分展现了创作者的媒介素养，实现了内容的价值最大化。

二、装置艺术——用环境创造震撼

装置艺术是艺术家在特定的物理空间，将现实生活中的物质实体进行二次创作,用艺术化视野进行选择、使用、改造或者重组,令其成为意蕴丰厚的精神文化艺术。可以说,装置艺术是环境、材料和情感相结合的复合性展示艺术。装置艺术始于20世纪60年代,也被称为"环境艺术"。作为一种艺术,它与20世纪六七十年代的"波普艺术""极少主义""观念艺术"等有千丝万缕的联系。对于装置艺术的起源,艺术评论家有很多种说法。有人说装置艺术起源于法国人杜尚将小便池签上名字放在博览会的展厅;有人说装置艺术的鼻祖是19世纪末一个用水泥、石头和贝壳,修建了一所"理想宫殿"的法国邮递员;也有人干脆说教堂和庙宇就是艺术装置的前身。我们暂且不去讨论哪种说法更准确,单去推敲这几种装置本身,我们就会发现"展厅""宫殿""教堂和庙宇"都是可以表达某种观念的空间存在。

自从进入数字时代,装置艺术便呈现出蓬勃发展的趋势。除了利用电视、行为、音乐等媒介样式进行交互体验外,"创作者还通过装置化功能将观众本身作为作品的一部分,以此达到观众和作品融为联动的整体"①。装置艺术具有沉浸性、互动性、参与性等多重特性,更加贴合现代大众的审美需求,成功地让观众和文本形成了密切的交互关系,让观众获得了新体验。

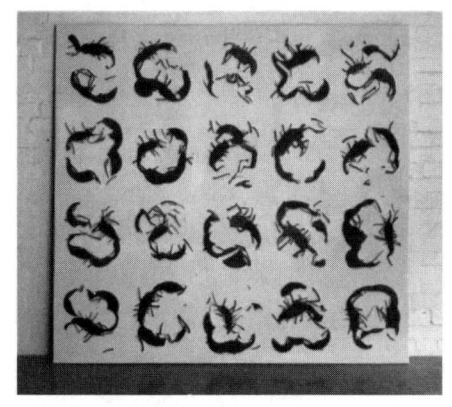

图4.33 《20个蝎子》作品展示

2019年12月,上海大学与上海美术学院主办的"未来智慧:2019人工智能·艺术与科技"展演活动在上海油罐艺术中心成功举行。此次展演活动主要探讨艺术与科技这两个领域的交叉融通,并由此深度探索新媒体时代人工智能的科研现状、面临困境和未来发展等核心问题。来自新西兰的艺术家Tom White毕业于麻省理工学院,主要研究领域为人工智能和机器感知。在这次展会上,他带来了作品《20个蝎子》(*20 Scorpions*)(图4.33)。这件作品利用Canvas帆布材料,在一个边长为193厘米的正方形面板上印制20个造型各异、不同状态的蝎子图案,呈现机器如何"看到"外部世界的表征意象。它通过机器内部神经网络算法,将20只造型迥异的蝎子的抽象图形表现出来,进而推理出机器进行视觉感知的全过程。Tom White认为,随着机器感知世界的技术发展,

---

① 陈玲.新媒体艺术史纲:走向整合的旅程[M].北京:清华大学出版社,2007:59.

该技术的普及程度会逐年上升,计算机"看到"(制造)的现实世界将会主导并操控人们的日常生活。这件作品可以说是 AI 创造的作品,亦可以说是为 AI 创造的作品,通过对计算机算法技术的"赋权",让人们对世界的感知成像看得更加清晰。

参与此次展演的艺术家李元素毕业于中央美术学院,他展示的作品《人机关系》(Man-machine Relationship)(图4.34)基于数码打印涂鸦技术和计算机游戏技术。作品背景部分利用计算机软件绘制图像生成,通过常见的数码打印方式输出并大面积覆盖。在此基础上,艺术家使用丙烯颜料,手工增加笔触和汉字,这是对数码绘画呈现形式的全新探索,体现了当代绘画的一种人机关系。计算机游戏部

图 4.34 《人机关系》作品展示

分则是由背景图扩大数倍构成的一个虚拟漫游世界,体验者既可以主动控制虚拟人物漫游,也可以在等待数十秒后让虚拟人物自动漫游。虚拟世界中的人物、场景和文字包含了艺术家对智能时代的思考与提问。在此次展演活动中,艺术家充分调动自身的媒介素养,通过装置艺术作品,引发了观众对"机器是否具有与人等同或者类似的创造性?""人工智能究竟会发展到怎么样的程度?""人工智能技术将会如何影响艺术与科技的发展方向?"等问题的思考。

在艺术创作领域,装置艺术凭借独特的空间表现力和互动性,成为艺术家传达思想、与观众建立深度连接的有力媒介,充分彰显出创作者的媒介素养。以西班牙艺术家 Pablo Valbuena 为伦敦圣保罗大教堂打造的装置艺术作品《光环》为例,这件作品巧妙地利用了空间和声音元素,当参观者在教堂内交谈,或是唱诗班奏响音乐时,穹顶下方就会出现一束脉动的光线。Pablo Valbuena 精准地把握教堂这一特殊空间的神圣氛围以及声音与光线这两种媒介的独特属性,通过技术手段将声音转化为光线的动态变化,让原本无形的声音以可视化的方式呈现出来。观众在欣赏作品时,不是被动的观看者,他们的一举一动、一言一行都会成为作品的一部分,参与到作品的创作过程中。这种将观众纳入创作体系的设计,极大地增强了作品的互动性和吸引力,使观众深刻感受到艺术与自身、与环境的紧密联系,体现出创

作者对媒介素养的深刻理解与运用。

图 4.35 《100 根链条》现场照片

在芝加哥建筑双年展期间,由布埃尔中心和 AD-WO 设计的《100 根链条》(图 4.35)同样展现出艺术家卓越的媒介素养。该作品采用多根测量链,从中心天花板悬挂而下,同时搭配反映北美殖民时期结构技术主题的书籍,观众可以随意带走这些书籍。在这里,测量链不是简单的材料,而是象征着北美殖民时期的建筑技术,承载着历史文化信息。可带走的书籍则进一步延伸了作品的传播范围,使观众在离开展览现场后,能够继续与作品传达的主题进行对话。艺术家通过对材料和展示方式的精心选择,将装置艺术与历史文化传播相结合,打破了传统艺术展示的时空限制,让观众能够更深入地了解作品的文化内涵,展现出对媒介运用的创新思维。

《进化体》(图 4.36)这件作品利用 AR 技术,表达了人类和机器之间其实并没有本质区别的主题。人类正在迎来生物和机器联姻的时代,整个世界的物质都是可以打通的。当人类、机器和互联网融通于物联网之中,各个终端都将遵循同一数

图 4.36 作品《进化体》现场照片

字生存法则,在万物互联的多端并置系统中协作进化。进化体的演化过程就是整个地球的主题曲。

作品《赛博乌托邦》结合"行为+直播+智能可穿戴+影像装置"的复合性展现方式,让艺术家在一天内持续戴着一个密闭的可伸缩面罩,失去对现实世界的直接感知,只能通过面罩里的手机获取信息。当人类进入一个被媒介塑造的"超真实"世界,生活将走向何方?随着人类对媒介的过度依赖,真相与存在已被符号取代,我们与现实的关系由人—物变为人—符号—物。我们的一切将于媒介中存在,在媒介中被感知,我们逐渐将自己拖进一个由数字符码组成的"超真实"世界中,生活围绕着媒介而展开,而现实世界的意义却在不断被消解。

2020年2月,中国传媒大学数字媒体艺术设计专业的同学们基于"计算媒介与艺术创作"课程实践,在数字世界中为中国祈福。吴家舟、韩棋宇两位同学结合WebSocket库与谷歌的语音识别系统,设计了一个语音交互艺术装置《哈利·波特的魔法世界》。该作品通过Kinect识别人体手势,控制屏幕上魔杖粒子的移动,通过语音识别对应不同的咒语,在屏幕上呈现不同的咒语效果。该作品选用了电影里最经典的咒语"呼神护卫",在释放这个咒语时,体验者需要竭尽全力回想自己经历过的最快乐的事情。该作品在画面呈现上选用黑暗森林作为背景,凸显了原著中的魔法效果,通过AE制作守护神视频和魔法冲击波,增强视觉冲击力,配合音效,充分营造了魔法世界的奇幻氛围。

另一件优秀作品《星夜祈愿》是基于Kinect和Wekinator的交互艺术装置。它以辛弃疾的词《青玉案·元夕》为背景,还原中国人在元宵佳节放飞孔明灯的传统习俗。作品采用Kinect识别人体轮廓和动作,当体验者双手举到胸前时,屏幕上会出现孔明灯,当体验者选择一种传统乐器敲击后,孔明灯上会出现对应的愿望。创作者希望通过这个作品,还原元宵佳节的节日气氛,让大家云放灯、云赏月。

2020年5月,南京艺术学院数字媒体艺术专业发布线上展览"实验×文本",共有21组作品通过艺术影像、交互装置、动态图形、数据可视化、全息投影、机械装置等形式,探讨历史文化、身体与精神健康、家庭和身份认同等话题。作品《华》是一组艺术设计与生物科学跨界的交互作品,花卉的生物性状主要由四组基因决定,花青素决定色彩、MADS-box基因控制形状、FT(Flowering LocusT)基因影响花期、FCA(Flowering Control Locusa)基因调节数量。作品通过四组探测器,将体验者的动作与四组基因映射,体验者通过肢体交互影响数字花卉的生物基因参数,创造出实验性的新花卉。作品通过设计语言表现科学原理,将艺术与生物科学进行跨界呈现,结合沉浸式的环境,让体验者感受到生命绽放的奇妙。

认知和掌握媒介素养的本质需要从媒介实践的两层维度入手:一是学习如何辩证分析、理解外来信息要素,二是学习如何充分调动自身媒介素养,使之为艺术创作服务。事实上,媒介素养是一种世界观——它培养了我们观察所读、所见、所闻的一切事物的不同视角,大量的信息碎片充斥着我们的生活,媒介素养帮助我们对信息、数据和媒体产生正确的理解。媒介素养使我们能够形成自己的判断。大学生要心怀"纸上得来终觉浅,得知此事要躬行"的思想觉悟,学习"媒介素养"并不能单纯学习书本上的理论知识,而是要将其内化吸收为建构自身"艺术创作"的灵感支撑。

具备优秀媒介素养的创作者应更多地走进媒介内容生产的全过程,生产出高度契合社会主义先进文化的内容,在提高自身专业素养的同时,推动中国媒介产业的进一步发展。"艺术创作"是一种无形的素养体现,在日常媒介环境中,大学生要善于用艺术的视野去捕捉美好,把握细节,用自身的专业技能和敏锐的洞察力再现现实生活,在丰富自身感受力的同时,提升自己的社会价值。

第五章 媒介效果篇

▶学习目标

1. 结合传播学理论,分析不同媒介的传播效果。
2. 重点分析新媒介环境中的媒介效果,区分同一传媒效果论在新旧媒介环境的差异。
3. 重点思考:今天还有把关人吗?今天的"意见环境"真实吗?

媒介效果研究是传播学体系形成以来学者们争相研究的课题,特别是大众传播形成以后,媒介的传播效果对受众的影响引起了学者们的高度关注。媒介不仅可以传播消息,还可以协调社会各系统功能、维护社会稳定,更可以促进社会的进步与发展。所以,传播会产生怎样的效果、怎样才可以让媒介产生良好的传播效果是学者们需进一步研究的课题。

随着新媒介的发展,当代的媒介环境更加丰富,受众接触的信息也更加复杂。不同的媒介效果会给受众带来不同的影响,而良好的媒介素养可以帮助我们最大限度地减少媒介带来的负面影响,让我们在复杂多变的媒介环境中保持清醒客观的头脑,从容地面对海量的信息。

第一节　传统媒介之媒介效果

一、皮下注射论：良药还是毒药？

20世纪30年代是传统媒介迅速普及的阶段，这时出现了一种强调媒介拥有不可抗拒力量的媒介效果观——皮下注射论。其观点的核心内容是："传播媒介拥有不可抵抗的强大力量，它们所传递的信息在受众身上就像子弹击中躯体，药剂注入皮肤一样，可以引起直接速效的反应；它们能够左右人们的态度和意见，甚至直接支配他们的行动。"[1]虽然皮下注射论对传播媒介的力量和影响进行了夸大，但对于我们理解传播媒介的效果，还是有一定的借鉴意义。

这一观点的提出在媒介发展的早期，当时，大众传播市场由传统媒介占据，人们无法获得多样的媒介接触渠道。于是，传统媒介就担负起塑造信息环境的重任。由于人们接触的环境是由大众传媒创造的信息环境，因此这一环境并不是现实生活中的客观环境，而是经由媒介对事件或信息进行加工和重新选择后再向人们提供的环境，人们的价值观、行为取向等都和大众传媒提供的信息环境有关。换句话说，大众传媒打出什么样的"药剂"，受众就会产生什么样的反应。因此，传播者对传播信息的筛选和编排会对受众产生很大影响，正确的信息选择会像良药一般给受众带来积极的传播效果，而消极的传播内容则会像毒药一般对受众产生负面的传播效果。

虽然"皮下注射论"出现后饱受争议，但在传统媒介兴起时，"皮下注射论"还是发挥了一些作用。特别是对于尚未形成成熟价值观的青少年和容易被媒介"带着跑"的老年人来说，传统媒介产生的"针剂"效果更为显著。年纪轻、学历高的人群对新鲜事物的关注度较高，对媒介的辨别能力也较强。因此，在接触传统媒介时，这类人群相较于青少年和老人，更具有独立思考的能力。而那些缺乏独立思考能力的受众，往往对传统媒介过分依赖，他们更倾向于"无条件"地相信传统媒介

---

[1] 郭庆光.传播学教程[M].2版.北京：中国人民大学出版社,2011：194.

构建的"信息环境"。这时,媒介传递的信息就显得格外重要,因为这些信息容易对此类受众产生直接快速的效果,也会对社会产生相应的影响。

那么,在传统媒介时代,媒介给我们带来的影响究竟是"良药"还是"毒药"呢?

首先,在传统媒介时代,媒介机构有着严格的审查机制和数量较多的"把关人",其媒介素养一般较高。在我国,传统媒介除了担负向大众传播信息的责任外,还要发挥社会联系与协调功能。因为经由传统媒介发布的信息已经被筛选和编辑,其真实性较有保证,其目的也是促进社会的和谐和安定,所以传统媒介向人们发布的信息大多是良性的,给受众注射的药剂也是经过配方的"良药",一般情况下不会造成负面影响。

其次,在信息相对闭塞的传统媒介时代,人们获得信息的方式较为单一,传统媒介在信息传播的过程中充当了"大喇叭"的角色,其组织目标多为宣传。传统媒介更多的是希望通过信息传播,给受众传达某种思想、灌输某种意识形态。因此,类似"针剂"般的直接反应更能帮助媒介达到它的宣传目标。传统媒介可以通过特定的"刺激"去引导受众产生本能的反应,从而"左右"受众的思想。

所以,传统媒介的"针剂"虽然一般不会直接造成负面效果,但其目的性较强,缺乏媒介素养的受众容易被其"左右",失去自己的判断。

二、议程设置:"把关人"合格吗?

1972年,美国传播学家麦库姆斯和肖在《大众传媒的议程设置功能》一文中正式使用"议程设置"一词。他们认为,传播媒介的各类信息报道和信息传播活动赋予了被报道"议题"不同的显著性,并通过这一方式影响受众对周围世界的"大事"和该事件的重要程度的判断。"议程设置"理论认为其效果分为三个层面:认知层面、态度层面和行动层面。

这一观点的提出在传统媒介主导传媒市场的时期,当时,麦库姆斯和肖就媒介传播的总统选举报告对选民的影响进行了研究。他们发现,选民对问题的判断和当时媒介强调的事件有着高度一致的对应关系。也就是说,在当时,传统媒介可以通过赋予"议题"不同显著性的方式,影响人们对事件的判断。

传统媒介通过不同显著性的报道来引导人们对于事件的思考,那么,当时各种传统媒介的"议程设置"都发挥着相同的作用吗?韦弗等人研究发现,报纸对长期议题和个人议题的影响比较显著,电视则对热点话题和谈话议题的影响比较显著,而不同导向需求的受众受到"议程设置"影响的强弱也各不相同。因此,"议程设置"产生的效果会由于媒介和受众自身的不同而不同。

目前,我们身处新媒介时代,但传统媒介并没有退出舞台,特别是在涉及国家大事的公共议题上,其议程设置功能依旧发挥着重要作用。例如,在2019年新中国成立70周年的庆典活动中,传统媒介凭借良好的专业素养,对活动进行了高质量的报道。受众基于强烈的爱国主义思想,对该活动的关注度很高,在媒介认知、媒介感情等方面与传播者达到高度的一致性,产生了极好的媒介叠加效果。

鉴于"议程设置"会给受众带来比较显著的影响,身居幕后的媒介"把关人"则更应该肩负起建构良好媒介环境的责任。"把关人"对议题的强调将影响受众对周围环境的判断。在政治议题和社会议题上,"把关人"应该发挥重要作用,合理对事件的各种属性进行凸显或淡化处理。在企业对产品进行广告投放时,"把关人"也要对商品属性进行"议程设置",不让广告夸大宣传,对受众产生误导。"议程设置"普遍存在于媒介系统中,"把关人"的新闻价值和倾向将影响议题的报道。因此只有培养好新闻人的媒介素养,才能良好地利用"议程设置"效果,构建和谐的社会环境。

其实,就算传统媒介拥有大量的"把关人",其把关水准依然值得考量。缺乏媒介素养的"把关人"会对受众造成极大的负面影响。

三、沉默的螺旋:"意见环境"真实吗?

1974年,诺依曼在《传播学刊》上的一篇论文中最早提出了"沉默的螺旋"理论。诺依曼通过对联邦德国议会选举进行观察,发现了"沉默的螺旋"现象。诺依曼发现"周围意见环境的认知"带来的压力,会使人们改变自己原本的投票对象。诺依曼通过对"意见气候"和"多数意见"的多次实证研究,提出了"沉默的螺旋"理论。

拟态环境是李普曼在《公众舆论》中提出的概念。李普曼认为:拟态环境并不是真实环境,而是人们在真实环境中作出反应时,对真实环境进行重构而形成的影像。它含有真实的成分,并不是完全虚构的环境;但是人们在行动的时候,则将其当作真实的环境。①随着社会的发展和科技的进步,人们认识周围的环境已经不只依靠自身的感官了,还要依靠各种传媒机构传播的符号。这些符号都是经过媒介加工再呈现给受众的,所以代表的不一定是客观事物的本身。这种被传媒机构塑造出来的环境就是"拟态环境"。

由于拟态环境的存在,人们通过符号构建了一个"不真实"的世界。这种符号大量地被传媒机构拷贝,而人们则被拷贝的洪水所包围,很难区分拟态环境与现实环境的区别。因此,在很长一段时间里,大众传媒给人们塑造什么环境,人们就只能认识什么环境,接受什么思想。甚至,大众传媒会为了给人们传递某种思想,完全虚构一个环境。人们由于缺少与客观环境的真实接触,很容易将虚构的环境当成真实的环境。

传统媒介通过制造舆论来改变受众的思想并非难事。诺依曼认为,大众传播通过营造"意见环境"来影响和制约舆论。她在1973年发表的一篇论文中写道:"大众传播一手承揽着向人们提供外部世界信息的活动,并且通过各种渠道每日每时地、累积地报道几乎相同的内容,这种状况不可能不对人们的意见乃至舆论产生重大的影响。"②她认为,传播媒介通过产生"共鸣效果""累积效果""遍在效果",影响人们对环境的认知。"沉默的螺旋"理论认为:人们在表达自己意见之前会考察周围环境,形成自己的心理环境。如果人们发现自己的意见与大多数人的意见一致,就会趋向于大声表达自己的观点。如果人们发现自己的观点与大多数人的意见不一致,则会趋向于沉默,甚至转向相反意见。这是人们表达自己意见之前正常的心理活动,于是,每种意见的大声疾呼都有助于舆论的形成。在某些情况下,传统媒介会通过建构"意见环境"来影响人们对事物的判断,以此制造舆论,达到某种特定的传播效果。所以,传媒机构的媒介素养关系到舆论制造的效果和受众对于"意见环境"的认知程度。

由于大众传媒可以通过建构"意见环境"引导大众对周围环境的认知,引发"沉默的螺旋"效应,特别是在传统媒介时代,信息的上行通道并不畅通,人们在多数时候只是单向的信息接收者,因此,受众更加容易将"意见环境"客观化,被动地让自己卷入由媒介构造的"沉默的螺旋"中。

---

① 郭庆光.传播学教程[M].2版.北京:中国人民大学出版社,2011:194.
② NEUMANN.Return to the concept of powerful mass media[J].Studies of broadcasting,1973(9).

2011年3月11日,日本福岛县发生9.0级地震并引发海啸,导致福岛第一核电站的3号反应堆发生熔毁并泄漏了大量放射性物质,几天后,中国部分地区抢盐风潮兴起。2023年8月24日,日本启动福岛核污染水排海工程,引发全球关注。中国不少地方立马刮起"抢盐潮",部分网店及实体店食用盐显示缺货。8月24日凌晨,京东超市上关键词"盐"的搜索次数环比增长377%,而食用盐成交额更是暴涨近500%。但在两次抢盐事件中,中国主流媒体都表现出极大的专业性,它们联合中国盐业协会,通过权威声明解释了核废水排海与食盐之间不存在直接关联。经过各级媒体共同大力宣传,第二次抢盐风潮力度减轻了很多,民众渐渐回归理性。

可见,媒介塑造的"意见环境"可以对受众产生潜移默化的效果。因此,受众只有提高自身的媒介素养,才能抵抗媒介带来的负面的心理影响,积极地面对客观世界。同样地,媒介传播者也需要提高媒介素养,适时地引导舆论,构建和谐社会,反之,则可能引起社会的不安,甚至激发各类矛盾。

四、培养理论:大众传播之"故事讲解员"

"培养理论"最早由美国学者博格在20世纪60年代后期主持"暴力起因与防范委员会"时提出。当时,美国的社会暴力问题很严重,为解决这一问题,美国政府成立了"暴力起因与防范委员会"来研究对策,"培养理论"就是在这一背景下产生的。

"培养理论"最初着眼于研究电视效果与美国社会暴力、犯罪问题的关系,以及电视内容对人们认识社会现实的影响。博格等人认为,电视上的暴力内容会让人们对现实社会环境危险程度的判断产生偏差,会增加人们对环境危险程度的判断。而且,媒介接触量越多的人,这种社会不安感越强。

在20世纪60年代,接触电视越多的人,对电视依赖性越强,对现实社会的认知也会偏向电视化。从20世纪70年代开始,研究者以观看数量为自变量、以观众认知为因变量,进行了大量的实证研究,认为两者之间成正相关关系。也就是说,电视媒介塑造的信息环境有塑造观众意识形态的作用,传统媒介潜移默化地影响观众对世界的认知。

进入21世纪,电视对我们的思维控制依旧十分强烈,特别是对老年人和未成年人。这两类群体较其他人群更加依赖电视,对社会的认知往往来自传统媒介。未成年人处于成长阶段,其价值观、世界观都不成熟,很容易将媒介传播的信息当作真实客观的信息,甚至认为动画片里的片段就是真实世界里发生的事情。如果儿童节目制作人没有优秀的媒介素养,不能考虑到电视中的暴力内容可能对孩子造成的影响,其后果是显而易见的。当然,家长对孩子的媒介素养教育也应该从小抓起,给孩子打下良好的基础,让其认识到信息环境与真实环境的差距,从而使其更好地了解社会。

除了模仿动画片里的不良行为外,未成年人对于电视中的暴力情节的模仿也不容忽视。电视是一把双刃剑,观看合适的电视节目有利于未成年人的身心健康,反之,会对其造成负面影响。美国传播学家博纳格将暴力定义为:"对自己或对他人施加的外显的武力表达,抑或通过伤害造成的痛苦和伤害,强迫他人做违背自己意愿的行为。"美国哥伦比亚大学研究行为模式的约翰逊教授领导的研究小组完成了一项长达17年之久的研究项目,其研究成果发表在美国《科学》杂志上,可以说这是迄今为止关于电视暴力的影响最具有说服力的一份研究报告。研究显示,处于青春期的未成年人每天看电视的时间如果超过1小时,其成年后产生暴力倾向的可能性将增加1倍。可见,传统媒介对未成年人的影响是不容忽视的。

传统媒介对观众产生的影响不仅体现在未成年人身上,还体现在成年人身上。但由于成年人拥有较为健全的世界观和媒介素养,"培养"效果往往不会太过强烈。有着健全人生观和世界观的成年人,往往不容易被电视上的暴力镜头所影响。传统媒介对成年人的"培养"往往是长期、宏观的影响,媒介通过对"象征性现实"的塑造去影响人们认识世界的方式,而被潜移默化影响的成年人反而并不能意识到自己正在被媒介"培养"。

在传统媒介时代,媒介扮演着"喇叭"的角色,向受众讲解周围环境中发生的大事。"喇叭"的合格与否直接关系到受众对"意见环境"的认知,进而关系到受众的现实观。因此,大众传媒应该做合格的大众讲解员,尽量摒弃可能带来负面影响的传播内容,向受众传达积极向上的内容,营造和谐的社会环境。

第二节 新媒介环境中的媒介效果

一、新媒介环境中的"沉默的螺旋"

(一)当大众披上"马甲"

在上文中,我们已经对"沉默的螺旋"作出论述。诺依曼提出这一理论是在传统媒介时代的德国。这一理论基于人们在公共环境下感觉到的环境压力,他们会屈服于这种压力,趋于沉默或者附和。但是,在新媒介时代,受众的话语权被打开,"沉默的螺旋"效果受到了一定的挑战。

在新媒介时代,受众在进行网络信息传播和交流时,其身份具有匿名性,地点是可移动的,获得的内容具有碎片化和去中心化特征,获取内容的方式也更加自主,交流和互动几乎实现了同步。在这样的传播环境下,传统媒介中受传双方的固定位置不复存在,受传双方更加平等。在网络传播中,每个人既是传者又是受者,公众更加敢于发出自己的声音,表达自己的意见和看法。即使是大众传媒传播的意见已经形成舆论,受众也不再被这种"意见环境"所压迫。由于网络传播"匿名"的特点,持有少数观点的受众不再因为孤立恐惧而选择沉默,而是敢于公开发表言论,"马甲"成为受众的一层保护伞。

网络环境的特殊性并不代表"沉默的螺旋"在其中无法发挥作用。"匿名"在网络中是一把双刃剑。"匿名"一方面可以让受众在平台上敢于发出自己的声音,另一方面也有可能产生网络暴力。网络环境较为宽松和自由,一旦某件事情引起了一边倒的意见,不一样的声音有可能遭到另一方失去理智的谩骂。匿名和分散性让网民更容易在网络上发泄自己的情绪,举着网络正义的旗号去声张讨伐,在不明真相的同时产生实质性的网络暴力事件。

在新媒介环境中,"匿名"真的可以完全实现吗?目前,各种新媒介平台已经基本实现了"实名制",就算披上"马甲",其背后的身份依旧有迹可循。活跃在新媒介平台上的博主已经几乎"透明"。各种类型的意见领袖通常在某一方面具有很强的专业知识，其身份的公开透明使得他们在新媒介环境中具有更强的公信力，也更容易受到粉丝的追捧。当意见领袖与当前环境的舆论意见相冲突时，粉丝更倾向于支持他们关注的"大V"。在这些意见领袖的带领下，舆论甚至会出现反转，出现"反沉默的螺旋"现象。从这一方面来说，新媒介平台上的舆论更多的是由"意见领袖"来引导的，所以"沉默的螺旋"在新媒介环境中依旧存在，只是运作的方式发生了改变。

虽然在网络社会，大家都披上了"马甲"，看似都在匿名发表言论，但随着网络管理制度的不断完善，每个人都拥有自己的固定ID。在新媒介环境中，每个人都拥有发声的权利，但实际上，真正的舆论控制权还是掌握在官方媒介和少数意见领袖手里。在网络的洪流中，"不一样的声音"往往会被大量的信息所淹没。在舆论的压力下，受众无可避免地受到"多数意见"的影响。所以，就算新媒介时代人们的话语权有所扩大，"匿名"也让受众更愿意发出自己的声音，但"沉默的螺旋"依旧在发挥自己的作用。

（二）媒介素养：重拾自主大脑

生活在网络社会的我们，想要了解信息、接触社会，需要培养一定的媒介素养，只有这样，我们才能在信息洪流中坚持自己的思想和判断。除此之外，良好的媒介素养也可以帮助我们在互联网上发布正确的信息和观点，不给他人带来困扰。因为在新媒介时代，我们每个人除了是信息的接收者，也是信息的创造者。

"沉默的螺旋"理论认为：人们会根据周围的舆论环境选择表达或不表达自己的看法，甚至是顺应舆论，改变自己的看法。在顺应舆论、改变自己看法的受众中，一部分是为了自我保护，害怕与舆论不同会使自己遭到"网暴"；另外一部分则是自我观点不坚定，容易被他人"洗脑"。因此，媒介素养教育需要教会大家如何在纷杂的舆论中保持理性思考。

1. 认清环境，不被"螺旋"带飞

首先，我们需要了解大众传媒的运作模式。大众传媒发布的信息并不是客观信息本身，而是将信息重新加工处理后向人们传播的信息，这种加工处理过程一般在媒介内部进行，人们一般难以认识到这一点。在接触信息之前，我们必须了解信息的来源。一般来说，传统媒介比新媒介的"把关"过程更加严格，信息筛选更为

细致。所以,传统媒介的信息可信度相对较高。而在新媒介平台,人人都是传播者,信息来源不明,可信度相对较低。在辨明信息的来源后,我们再对信息进行下一步的判断。现在的媒介追求新闻的时效性,传播信息时可能只专注一个方面或者一方的看法,来不及考察全局。所以,就算媒介平台传递的信息是真实的,其真实也只是"局部真实",作为信息接收者的我们这时就需要保持理性思考、理性判断,不要轻易地给出结论。

2. 理智上网,不当"舆论"的助推者

随着新媒介的发展,受众在传播过程中从被动地接收信息变成主动地选择信息。因此,媒介素养教育也应该有一些变化,除学校对受众进行基础教育外,我们还应该主动接近知识、学习知识,能动地了解媒介,合理地运用媒介,不盲目"跟风",在互联网上理智发言,合理合法地运用自己的传播权利。在传统媒介时代,我们很难和与自己意见相左的人进行沟通,但随着媒介技术的发展,所有人都可以在互联网上发出自己的声音。在这种情况下,我们很容易遇到与自己持相反意见的人。此时我们更需要合理沟通,理智地表达自己看法。

良好的媒介素养促使我们更好地使用媒介,对媒介有更深的理解,这有助于我们形成正确的人生观和价值观。等我们形成成熟的价值体系之后,对事物的认知也会有所变化。

二、新媒介环境中的"第三人效果"

(一) 媒介素养教育的对象

媒介素养是衡量人的媒介认知和行动的能力体系,自然应当是教育的产物。在新媒介时代,人们接触媒介的方式越来越多,媒介接触量也越来越大,媒介素养教育便应运而生。媒介素养教育的对象是值得我们讨论的问题。

第三人效果指的是人们在判断大众传媒的影响时存在一种较为普遍的感知思维定式,特别是在面对负面影响时,这种感知思维定式尤为明显。人们普遍认为,大众传媒传播的信息对"你""我"不一定会产生多大的影响,但是会对"他"产生无法估量的影响。因此,受众往往对媒介素养教育的重视程度不够,认为自己不会被媒介的不良信息影响,再加上我国的媒介素养教育相比国外来说较晚,媒介素养教育的对象大多集中在两类人群——儿童和大学生,这两类群体是大众认为更容易受到媒介影响的群体。

第一类是儿童。儿童时期是人一生中比较重要的时期,这一时期对人的世界观、人生观和价值观的形成十分重要。儿童在面对信息爆炸和社会转型时会产生很多困惑,他们除了可以获得学校和家长的指导外,还可以从各种媒介中寻找答案,媒介为儿童打开了认识世界的大门。但是,由于儿童的年龄小、社会经验少,对信息的判断能力不足,媒介传播的思想和行为很容易对他们造成影响。尤其是在互联网社会,网上的信息质量良莠不齐,充斥着大量的虚假信息和不良信息,这些信息会对儿童的身心健康造成非常不好的影响。因此,根据第三人效果,大众认为儿童更需要接受媒介素养教育。

第二类是大学生。大学生处于社会化的重要阶段,他们即将走出校园,走入社会,即将独立面对成人的世界。因此,媒介素养教育理应成为大学生的素质教育之一。大学生作为媒介使用的"主力军",每天都在接触大量的媒介,并在媒介上接收和发出各种信息。相较于传统媒介来说,新媒介环境更为复杂和多变。作为接受过学校媒介素养教育的群体,大学生拥有较高的媒介素养和较强的媒介使用能力,因此在互联网上发声时要明辨是非,不发布、不传播来源不明的消息,不盲目跟风,不传播负面信息,引导其他受众理性思考,改善互联网环境,共同为构建良好的媒介环境出一份力。

那么,媒介影响真的如同第三人效果一般,只对这两类人群起作用,而对"你""我"产生不了影响吗?作为互联网受众的我们,接触的是相同的媒介环境,媒介同样会在潜移默化中对我们产生影响。因此媒介素养教育应该普及到每一位接触媒介、使用媒介的受众身上。作为新媒介的使用者,我们每个人都应该肩负起创建良好媒介环境的责任,学习如何利用媒介促进自身的发展。媒介素养教育不是一时的教育,而应该是终身教育。技术在快速发展,媒介也在不断变革,我们对媒介的认识不能只停留在当下,而应该不断更新,不断调动自己的主观能动性,主动认识媒介、接触媒介,通过媒介传递正能量的信息,培养正确的媒介使用方法。

(二)媒介素养教育:如何"趋利避害"

2011年3月,日本发生大地震和核辐射危机,不良媒介散播日本地震会导致食盐短缺的新闻,导致中国部分地区开始抢购食盐,人们一窝蜂地冲向商店,生怕别人把盐抢购一空。人们普遍认为,相关负面新闻会对他人产生很大的影响,导致"第三人"抢购食盐,为了食盐不被他人抢光,自己也要抢购。因此,食盐抢购现象的成因是人们对他人的心理认知,而不是真的需要食盐。这些年,类似案例发生数起,那么,我们要如何通过提高媒介素养来"趋利避害"呢?

1.对自己合理定位,不盲目自信

"第三人效果"触发的必要条件之一就是对自己盲目自信,认为媒介对自己产生的影响很小,但对他人产生的影响很大。其实,在新媒介时代,各种媒介对我们的影响无孔不入,对自己盲目自信的受众恰恰会掉入"第三人效果"的圈套。

作为新媒介的使用者,我们要对自己合理定位,对自己的知识结构有合理认知,不盲目对自己作出过高的评价,也不要高估媒介对他人产生的影响。在处理媒介传递的信息时,我们要时刻保持头脑清醒,理性判断信息真假,采取客观态度。只有这样,在面对"第三人效果"时,我们才能轻松地应对各种信息。

2.辨别信源性质,评估说服动机

信源的性质和说服动机也会对"第三人效果"产生影响。一般来说,低可信度信源传递的消息更容易引发"第三人效果"。我们在面对低可信度信源传递的信息时,要保持理性的头脑,思考信息的真假,并尝试从其他渠道获取信息。同时,我们也不能低估低可信度信源传递的信息对自己造成的影响。在某些时候,媒介给受众带来的影响是内在的。在作出正确判断后,我们需要对"他人"持有信心,相信"他人"也会对信息的真假进行甄别并作出正确判断。从某种程度上来说,信源的可信度低,受众的参与度反而更高。

除了信源的可信度以外,信息的宣传色彩也是容易引发"第三人效果"的因素。我们在面对广告,特别是新媒介环境中的"直播"时,要更加谨慎对待。网络主播很擅长运用"第三人效果"煽动观众的情绪,让观众认为其推销的商品十分火爆,这样的宣传技巧会让观众对商品进行"疯抢"。因此,在网络直播盛行的时代,我们更应该通过良好的媒介素养去辨别这种宣传技巧,只选择自己需要的,而不是盲目跟风购买。

以上这两种方法可以使我们在使用媒介时更加娴熟和理智,减轻"第三人效果"对我们产生的影响。只有在认清信息、认清自己、认清他人的情况下,我们才能

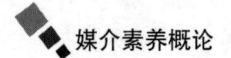

更好地掌握信息,抵御媒介给我们带来的"不良影响"。通过媒介素养教育,我们可以深入理解媒介背后的文化价值和社会影响,更好地参与网络讨论,提升数字时代的公民责任感。

三、新媒介环境中的培养理论

(一)双向培养:受众构建的媒介环境

培养理论是媒介效果研究的主要理论之一,它着重研究电视媒介和观众认知之间的关系。我们根据霍尔的解码、编码理论可以知道,信息传播实质上是传播意义的过程。格伯纳认为:电视媒介传播的信息和塑造的环境会对观众的认知带来潜移默化的影响。电视看得越多,造成的影响就越大。那么,在新媒介时代,培养理论又将产生什么样的变化?

众所周知,随着互联网技术的发展,手机、网络电视等新媒介迅速普及,给传播方式带来了巨大的改变。新媒介的出现改变了传统媒介单向传播的特点,互动性和实时性成了信息传播的趋势。早期培养理论关注的是电视媒介长期的、潜移默化的影响,但在新媒介时代,传播方式的变革给培养理论带来了冲击。

如今,在新媒介平台上,每个人的角色都不是固定的,受众随时可以接收消息,也可以及时对消息进行反馈或传播新的消息。当人们对客观现实存有疑虑时,可以随时拿起手机或是电脑进行提问。因此,由电视构建的"拟态环境"受到了冲击,传统媒介由于播出的内容需要经过后期加工、剪辑等复杂流程,其传递出来的信息往往并不是客观环境的真实再现。而在新媒介环境中,实时直播已不是困难的事,"象征性现实"与客观环境的距离越来越小,给培养理论带来了巨大的挑战。

在微博、知乎、小红书等平台上,占据首页的信息往往是根据用户的点击量、收藏量决定的。换句话说,受众对媒介信息传播也起到相当大的作用。特别是微博等平台,用户的搜索量直接关系到信息内容是否可以上热搜以及是否可以引起更大的影响。媒介会把握这一特点,对信息内容进行选择和加工。因此,在新媒介时代,媒介环境的创造并不是由媒介完全操控的,受众也会给媒介环境带来一定的影响,甚至创造一种新的媒介环境。比如,在B站之类的网站,受众通常是充满活力的年轻人,他们构建了一种充满活力和生机的媒介环境。因此,由传播媒介培养的具有整体性的社会共识被打破,受众自己构建的媒介环境成为更容易被接受的"现实"。

然而,尽管新媒介时代的受众被赋予了影响媒介环境构建的权利,但人们接收到的信息仍然不是客观环境本身。各类假新闻、暴力信息仍然层出不穷。新媒介环境带给人们的培养效果虽不如以前,但仍然不可忽视。

(二)如何利用媒介素养教育抵抗"培养"

在新媒介时代,虽然由电视引发的"培养"效果不如以前,但新媒介语境下的"培养"依旧存在。受众在传统媒介时代培养的媒介习惯延续到新媒介时代。由于技术的发展,媒介对受众的分类更加明确,越来越细致的分类使受众更容易被媒介所控制。

那么,在新媒介时代,我们要如何抵抗"培养"呢?

1.分清网络与现实,不沉溺于网络

随着经济水平的发展和人们生活质量的提高,网络早已进入千家万户。儿童接触网络的年龄越来越小。2018年,全国妇联联合多家单位发布了《新时代女童及家庭网络素养调研报告》。报告指出,中国儿童第一次接触互联网的年龄在6—10岁之间,占61.4%,第一次接触的年龄正在下降。而女童的动手操作能力高于平均值,更容易成为网络风险受害者。因此,我们更要培养孩子们的良好媒介素养,使其明白网络世界与现实世界的不同。培养媒介素养的方式主要是通过家庭和学校教育,报告指出,家庭是儿童使用互联网的首选场所,在家里使用网络的儿童占比达95%,在学校使用网络的占比为18.4%。我们可以将媒介素养教育引入学校,从小教导孩子如何正确地使用媒介,认清媒介的本质,引导孩子在新媒介时代,正确地获取信息、传播信息,并熟练地掌握各种媒介的使用方法。而家长可以通过合理监督儿童的上网时间、规定上网的内容,使其无法沉溺于网络。由于新媒介时代媒介形式具有多样性,家长应该合理地引导孩子使用各种媒介,避免孩子迷失在充满诱惑的网络世界。

2.合理利用媒介,避免对他人产生"培养"效果

在使用媒介时,除了要分清网络和现实外,我们还要合理地传播信息,避免传播暴力、虚假、色情等信息。"培养"效果指出,电视中的暴力画面可以在潜移默化中改变人的心理认知,对社会产生一定的不良影响。在新媒介时代,正面信息、负面信息皆大量存在。负面信息容易对缺少媒介素养的受众产生负面影响,特别是当其长时间浏览暴力、虚假、色情信息后,容易在现实生活中作出不良行为。近些年,由于观看暴力电影、玩暴力游戏过多,一些年轻人对现实生活产生了理解偏差,在生活中实施了暴力事件。因此,为了避免"培养"效果的不良影响,我们在使用新媒介时,需要注意管理自己的情绪和发表的内容。

　　以上两种方法可以帮助我们在新媒介时代规避"培养"效果的影响。虽然在新媒介时代,"培养"效果的影响不如传统媒介时代那样直接,但这并不代表"培养"效果就不复存在,它只是换了一种方式继续作用于受众,并间接地对社会产生一定的影响。因此,我们必须通过媒介素养教育合理有效地抵抗"培养"效果,共同创造更加和谐安全的媒介环境。

第六章 媒介素养教育与方法篇

▶学习目标

1.从校园、社会与网络角度梳理媒介素养教育的途径。
2.拓展思维,结合社会发展,列出媒介素养的具体教育方法。
3.重点思考:如何培养批判性思维?如何打破刻板印象?

当前,互联网已进入深度普及阶段,媒介素养成为21世纪公民必备的个人素养之一。在新媒介的冲击下,传统媒介逐渐式微。我们需要正视两者之间的差异,顺应时代潮流,从不同维度学习媒介素养的理念。

在媒介素养教育的过程中,离不开"媒介教育"与"人的发展"这两个关键词。其中,最核心的部分是媒介素养的培养与继承。然而,这个宏观的概念需要有具体且能够实践的途径与方法进行支撑。本章将对媒介素养的学习途径与方法展开探讨,着力培养新时代理性求真的媒介公民。

第一节 媒介素养教育的途径

一、校园篇

(一) 青少年如何抵制不良诱惑

计算机的普及要从娃娃抓起,媒介素养亦不例外。如今,网民的年龄呈现低龄化趋势,孩子们初始接触网络的年纪越来越小,青少年网民的占比逐渐扩大。近些年,青少年被不良网络信息荼毒、深陷游戏无法自拔等新闻频出。因此,培养青少年良好的媒介素养,使其避免被不良信息影响在当下显得尤为关键。

2017年,北京举行了一场关于如何提升青少年网络素养的研讨会。会议数据显示,我国青少年的网络媒介素养总体水平落后于发达国家。会议调查以全国22个省份、34个城市、57所中学的7044名青少年为样本,以满分为5分进行计算,得出我国青少年网络媒介素养的平均得分为3.55分[1]。针对这个情况,中国传媒大学出版社正式出版了《中国青少年网络素养绿皮书(2017)》,强调青少年媒介素养培养的必要性与迫切性。该书提出了一系列可行建议,如实施青少年社会网络素养教育计划、家庭网络素养教育计划、个人网络素养能力提升计划等,通过国家、社会、家庭、学校等,全方位为青少年网络素养教育护航。

2019年,国家网信办积极推出相应政策,扩大了"青少年防沉迷系统"的覆盖范围,对青少年网络视频的使用时段、服务功能、在线时长等进行限制,并提供专门的优质内容。针对青少年沉迷游戏的行为,2020年举办的中国国际数字娱乐产业大会(CDEC)也提出了相应的解决办法。另外,中宣部出版局副局长也表示,我国正在加快完善网络游戏实名认证系统,防止青少年网络游戏成瘾。

在青少年媒介素养教育开展的过程中,学校应当成为主力军,具体落实到学校教育、师资水平和课程体系三个方面。在中小学教育中,学校应尽可能提供学习资源。有别于一般的教师授课、学生被动学习的方式,在媒介素养教育中,教师可采

---

[1] 方增泉,祁雪晶.中国青少年网络素养绿皮书(2017)[M].北京:中国传媒大学出版社,2018:12.

用情境教学的方法,让学生处于某一具体情境中,从而寓教于乐,灵活地建构知识体系。教师可将媒介素养教育融入传统课程中,学校亦可专门开设媒介素养教育课程,让此类课程成为与语数外一样重要的课程。学校还可邀请媒介专家到校园开展讲座,深入浅出地给青少年进行专业的指导。

在施教者方面,教师应该调整自己的角色定位,由主导角色转为引导角色,学生对知识的自主学习往往比教师的灌输更加有效。在教学过程中,教师应在选取媒介信息案例上下功夫,在设计并抛出相关问题后,让学生在合作中去沟通和探讨。如今,虚假新闻愈加常见,很多网站会评选年度十大虚假新闻。教师可以选取典型的虚假新闻,将其融入课堂,选择性地设计一些问题,比如,如何判断信息的真伪、如何杜绝不良信息、如何分析信息的发布渠道和效果等,让学生展开实践探究,充分激发学生的主动性和创造性,在实践中提高媒介素养。

在课程设置方面,针对低龄与高龄的中小学生,教师应进行分层次培养,随着年级的升高由浅到深地设计学习内容。低年级学生的筛选和理解信息能力不足,教师可以把教育的侧重点放在如何评判媒介信息的真伪上,由简单案例开始教学,比如,看到网页上出现的不良广告怎么办?看到网页上要花钱的提示如何应对?等等。对于高年级学生,教师可以培养媒介素养的批判性思维,选取适当复杂的案例,让其在了解信息产生的过程中提高媒介素养。虽然媒介素养的学习内容可以按年龄段进行调整,但媒介素养的培养需要从娃娃抓起。

还有一点不容忽视,即青少年媒介素养培养应避免"雷区"。其一,少数媒体受到商业利益、自身非理性思想的影响,传播不积极、不健康、不正确的价值观,甚至出现虚构现实、曲解历史等媒介权力寻租现象。这种负面现象若不加以警惕并采取有效的应对方法,极易导致媒介权力负功能化,从而对青少年的思想行为产生误导。其二,伦敦大学的一项研究结果表明,在近1.1万名青少年用户中,12%的轻度社交媒体用户和38%的重度社交媒体用户表现出严重的抑郁症状。由此可见,虽然网络给予了我们无限的知识和社交空间,但同时也剥夺了我们原有的自然社交渠道,削弱了我们的交往能力,过度使用媒介或存在不良的媒介社交行为,容易导致青少年的实际社会交往能力弱化或偏倚,从而引发青少年的心理健康问题。

(二)大学生如何深刻理解媒介

针对大学生的媒介素养问题,我们可以追溯到1999年联合国教科文组织召开的一次会议。该会议提出了媒介教育对于民主体制与公民养成的重要性,并倡导媒介教育应成为国民教育课程的一部分。然而,我国大部分在校大学生从小接受的是应试教育,没有系统接受过媒介素养方面的训练,加之大学生的阅读习惯已经从纸质阅读转向数字阅读,因此,大学生的媒介素养水平亟待提高。

中国新闻出版研究院发布的第十三次《全国国民阅读调查》数据显示:"我国数字化阅读方式的接触率为64%,从人群分布特征来看,18—29周岁人群占38.6%。"这远高于其他年龄段。一项关于大学生了解信息主要来源的调查,以哈尔滨工程大学的800名学生为调查对象,通过调查他们接触媒体的方式、时间、体会等,分析他们的媒介素养水平,结果并不尽如人意。"调查的大学生对网络媒体的接触率达到100%。对于'平时接触最多的媒体',72.18%的学生选择网络,11.38%的学生选择报纸,10.32%的学生选择电视;79.48%的学生认为网络是他们了解信息最主要的媒体。"①(图6.1)

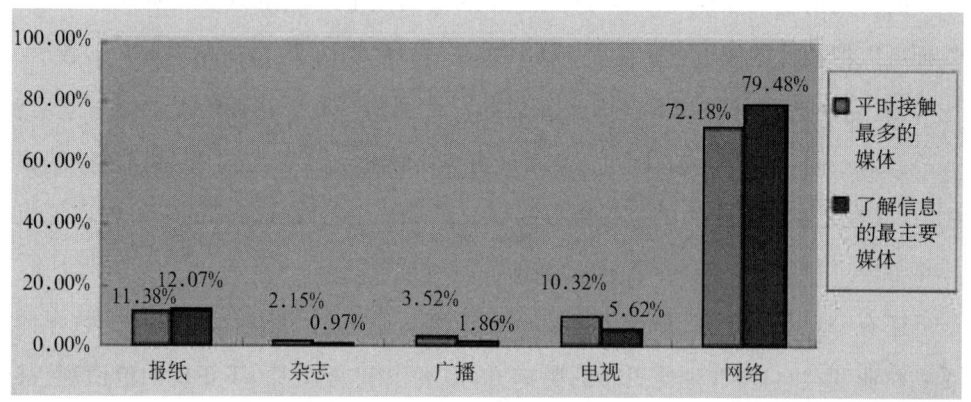

图6.1 大学生接触最多与了解信息最主要的媒体

目前,大部分高校的媒介素养课程开设较少,师资力量不强,学校和学生对媒介素养的重视程度远远不够。这是大学生教育主要阵地的空白,这一现状亟待改变。

提高大学生媒介素养的途径主要是教育和实践相结合。在教育方面,学校需要从课程设置和教师这两方面入手。在课程设置上,以中国人民大学、复旦大学为首的"双一流"高校的媒介素养教育日趋成熟,已形成初具规模的课程体系,同时

---

① 孟维颖.网络新闻影响下大学生网络媒介素养教育研究[D].哈尔滨:哈尔滨工程大学,2013.

也有不少相关机构深入媒介素养研究。但与此同时,仍有不少院校暴露出对媒介素养教育重视不足的问题,有此类问题的高校可以效仿成功案例,比如鼓励教师根据实际情况,编撰适应自媒体时代和院校实际情况的媒介素养教材,增加排课,提高上课频率,使媒介素养教育常规化、日常化。各大院校的首要任务是开设媒介素养相关课程,在校内大规模普及并将其纳入必修课范围,用上课的方式让学生们重视起来。

此外,学校也应多加宣传,重视和加强校园媒体与文化设施建设,提高校园媒体的质量。例如,现在很多高校开设了校园广播台、电视台、公众号,以此吸引更多学生的关注,并通过社团的形式鼓励学生参加。大学设置媒介素养课程的主要目标是提升学生的批判性思维,引导学生在面对媒介信息时采用批判质疑的眼光,培养学生的制作和传播能力。

在教师资质方面,由于教师是课程开展的基石,任课教师的媒介素养水平至关重要。媒介素养任课教师的选取标准要跟专业课教师一样,必须专业且经验丰富。首先,教师应深入领悟媒介素养的本质,不断提高自己对媒介素养教育的重视程度。其次,高校应鼓励教师多参加媒介素养的相关课程和培训,提升媒介素养水平。在课程设置中,教师可以采用建立课程实践系统和多渗透教育的特殊组合。高校可以使用直接和间接课程模型来实现此目标,使媒介素养教育课程的计划目标一目了然。例如,教师可以在讲授专业知识的同时,给学生介绍一些基本的媒介知识,像如何理解信息、如何了解各种媒介及其传播特征、如何了解舆论的功能、如何对优秀媒介作品作出正确的评估等。教师要鼓励学生提高对媒介信息进行批判、质疑、查证的能力。

在实践方面,学校应引导学生自觉主动地学习媒介知识、认识媒介本质,而大学生也应具备自主学习的能力并深入实践,在实践中检验真理,进行自我教育。例如,全国高校每年都会举办大学生网络安全知识竞赛,参赛学校众多,竞争激烈,精彩纷呈。大赛的目的是积极响应国家网络空间安全人才需求,推动建设网络空间安全人才培养和产学研用的生态体系。

再如,一年一度的"大学生网络文化节"活动,旨在贯彻习近平总书记关于"培育中国好网民"的重要指示,借助高校资源优势和组织优势,推动网络氛围的改善和发展,切实发挥网络育人、网络文化滋养人心的积极作用,同时推动高校的网络文化建设,传播网络正能量。"大学生网络文化节"每年的活动围绕不同的主题展开,如第七届的主题为——"奋进新征程,建功新时代",征集的作品不仅涵盖爱党爱国的主题宣传教育作品,还入选了一批关于奋斗青春、爱岗敬业、歌颂祖国等主题的优秀网络文化成果,以此鼓励在校学生自主导演优秀的影视作品。从 2005 年开始的全国大学生广告艺术大赛(大广赛)已经成功举办 16 届(截至 2024 年),全国 1300 多所高校参与其中,数十万学生提交作品,形成了稳定、成熟、具有相当规模的大学生教学实践平台。每年大广赛的选题各不相同,既有公益类选题,也有商业类选题,鼓励大学生积极参与,创作出大量优秀的广告作品。

大学生只有深刻理解媒介,才能驾驭媒介,而不是盲目跟风,随波逐流。除了课程设置以外,各高校应定期举办以媒介素养为主题的名师讲座和校外实践活动,丰富学习的内容,并且开设相关的网络课程,增加课程的趣味性。同时,学校还可以让学生积极参与课外实践,在课后不断提升媒介素养水平。

二、社会篇

(一)父母是孩子的第一任老师

家庭教育是青少年媒介行为习惯和媒介素养养成最重要的影响因素之一,家长在青少年媒介素养的形成过程中发挥着十分关键的作用。然而,青少年的一些不良媒介使用习惯正是在"低头族"家长的影响下形成的。由于与学校教育相比,以亲子关系为中心的家庭教育具有自身独特的感染性优势,加之朝夕相处,父母的行为会潜移默化地影响孩子,从而产生强烈的教育效果,家长在孩子面前没有顾忌地玩手机或电脑,无形中会起到负面的"言传身教"作用。因此,要树立正确的榜样,对孩子的媒介使用行为进行规范引导,家长首先要具备良好的媒介素养并以身作则。

面对网民低龄化趋势,青少年的媒介素养教育根据地不仅要设在学校,更要设在家庭。父母是孩子媒介素养教育的第一位老师,这一点被很多家长忽视。获得《中国诗词大会》第二季冠军的上海才女武亦姝出口成章、博闻广识、气质脱俗,2019 年以高分考入清华大学。很多媒体挖掘武亦姝的成长史,发现成功的家庭教育在她的成长中起到了关键作用。她的父亲坚持每天下午 4:30 后不用手机,专心陪伴两个孩子的成长。读书、看报、家庭运动等都是一家人可以一起做的事情,高度的自律和高质量的陪伴是父母带给孩子最好的教育。

但目前,很多家长"谈网色变"。一方面,孩子喜欢上网;另一方面,家长总是严格限制或者禁止孩子上网。这种矛盾的现象无时无刻不在生活中发生。究其原因,无非是家长担心孩子在网络虚拟世界里做与学习无关的事,或者轻信虚假广告信息等。其实,一味地禁止孩子接触网络反而会让孩子产生猎奇甚至逆反的心理,有一则父母培养孩子媒介素养的成功案例值得我们借鉴。14岁的女孩贝贝,是广西南宁市某初中一年级的学生,其父亲是高校计算机教师,他的职业使他在贝贝很小的时候就开始重视孩子的媒介素养教育。在贝贝五六岁时,父亲便利用媒介和儿童益智教育软件对她进行智力开发,还经常带她在网上搜索优质的儿童教育资源并加以利用。孩子的记忆力与学习能力是令人惊喜的,贝贝6岁时就掌握了电脑基本操作方法,能够运行各种教育软件。长大后,贝贝在计算机课程方面的成绩亦十分拔尖。贝贝从小学习媒介知识,培养了基本的媒介素养,并保持了良好的媒介思维。在成长过程中,贝贝对网络的不良诱惑保持着清醒的判断。

我国港澳台地区在提升家庭媒介素养方面成效卓著。台湾地区出版了相关书籍、杂志供父母阅读,如台湾政治大学出版了《别小看我——家庭媒体DIY亲子手册》。香港地区规定针对孩子上网的行为,家长必须提供相应的指导。此外,香港地区还多次举办"家长训练营",让家长一起讨论交流培养孩子媒介素养的正确方法。

然而,现实中的很多家长一来自身媒介素养水平不高,二来不懂如何用正确的方式教育孩子。在这样的现实情形下,家长应该如何应对呢?答案就是家长先学习媒介素养知识,了解其重要性和必要性,学成后再在日常生活中以寓教于乐的方式,给孩子灌输正确的网络知识。家长也是从孩提时代过来的,很多"80后""90后"家长见证了网络的诞生与发展,但是早期的媒介素养并不受重视,家长没有系统地学习过相关理论,知识是贫瘠片面的,又何谈给孩子教授呢?

提升家长的媒介素养途径有两条:一是政府层面给予政策和财政方面的支持;二是由私人和民间团体自主建立学习渠道。这两类组织只有相互配合、相互支持,才能让媒介素养教育方式更完善、目标更清晰。街道、社区等可以定期在周末开设提高公民媒介素养的公益讲座或公开课,加大宣传力度,鼓励家长就近学习。媒介组织可以定期向社会开放,鼓励家长带着孩子一起参观,身临其境地感受媒介运作的过程。比如,中国台湾地区"媒体识读推广中心"安排小学老师与学生参观电视台,了解电视节目制作过程和音频制作过程;参观报社、印刷厂,访谈记者,了解报纸、杂志等纸媒的出版过程。

在社会方面,政府部门应鼓励公司定期开展提升员工媒介素养的培训课程,把媒介素养培训放到和员工专业培训一样重要的地位,邀请名师专家为员工授课。公司通过借鉴大学的相关教程,将课程由浅入深安排好,这样做既可以为有孩子的员工提供正确教育孩子接触网络世界的契机,又可以提升公司员工的媒介素养水平,让已经脱离学校、进入工作岗位的员工拥有再次学习的机会。

(二)营造城乡皆优的和谐社会

随着我国经济文化的高速发展,乡村逐渐从熟人社会转变为媒介社会。很多村镇早已通网,村民也随着乡村发展的脚步进入了互联网时代,变成实实在在的网络群体。在村民接触媒介的渠道上,电视是第一媒介,手机则是新兴媒介。据了解,村民看电视、用手机的主要目的是获取农务信息、进行休闲娱乐和人际交往,村民的媒介素养普遍不高,对媒介信息的处理相对简单,其意义接收较为浅层化。较之城市居民,村民的媒介意识和基础相对较弱。

2019年6月,中共中央办公厅、国务院办公厅印发了《关于加强和改进乡村治理的指导意见》,乡村媒介素养问题治理的基本方案落定。但乡村治理体系现代化的推进面临一系列困境,如居民老龄化、乡村空心化、人口流动大、乡村发展长效治理难、熟人社会向媒介社会跨越问题等。实际上,解决这些问题的治理机制、发展路径等都与媒介的发展密不可分。国家不仅需要对村民普及媒介知识,更需要提升村民对媒介信息的理解与鉴别、采集与整合的能力。尤其是偏远地区的村民,对虚拟的网络世界的防范意识更差,如何提升村民媒介素养是现代乡村治理发展的一个重要问题。

对于村民媒介素养问题的研究,基于乡村的实际情况,我们可以采取村落基层问卷调研的方式。每个省市的调研员可以在固定的村镇区域,一边考察乡村的媒介环境,一边对村民进行采访调研,分析村民对媒介素养的了解情况和问题,找出切实有效的提升途径。需要注意的是,我国乡村的范围很广,村民的文化程度参差不齐,配合度也会受影响。乡村政府部门应当加大前期的宣传力度,调研员也应当培养自身的专业度和耐心。

在摸清村民的媒介接入、使用和需求状况,了解村民的媒介素养水平后,下一步就是寻找因地制宜的解决办法,让乡村与城市同步发展。乡村政府应该将村民的媒介素养教育纳入常态工作计划,为村民提供专业的学习平台,同时扮演好科普和鼓励的角色。例如,政府工作人员告诉村民提高媒介素养可以带来更多的就业机会、学习机会、维权机会,避免上当受骗等;纠正村民的不当媒介行为,设想不良后果并引导其改用正确的方式,设身处地为村民的利益考虑,提升其关注度;定期开展针对提高村民媒介素养的义务培训活动,通过普及宣传,号召村民接受培训,确保正确的信息与数据在乡村的接入。

年迈的老人和留守的幼童在学习媒介知识时往往面临腿脚不便或者不识字等问题,当地政府部门可以定期派遣具有亲和力与良好沟通能力的信息技术专员,去老人和幼童的家中进行一对一的教育,使用老人、幼童能一目了然的卡片、多功能学习机等工具,以通俗易懂的方式讲解简单实用的媒介知识,告诉他们如何运用网络、如何寻找需要的信息、如何网购、如何应对网页上的广告等。在农村,正确认识媒介可以让容易上当受骗的老人提高警觉,拥有信息的鉴别能力,避免某些骗局悲剧的发生,也可以让幼童从小培养信息的敏锐度和感知力,激发他们的学习兴趣。

三、网络篇

(一) 主流媒体当好"把关人"

虽然我们处在网络媒体高度发达的时代,但主流媒体仍然控制着信息来源的命脉,是社会舆论导向的引领者。因此,主流媒体人的媒介素养至关重要。然而,在新媒体浪潮的冲击下,传播者与受众的关系出现了角色叠加的转变,使信息审核的"把关"难度大大增加。另外,一些新媒体平台为了发挥时效性的优势,往往会弱化"把关"环节。因此,主流媒体必须更重视"把关"作用,真实、客观、准确地发布信息,杜绝盲目从众心理和缺失事实的报道,时刻保持冷静。如果主流媒体对网络热点的报道一味求快速、求关注,缺失对新闻生产的把关审核,就会造成信息不准确,进而失去民众的信赖。

传播学者巴斯对传统媒体的"把关人"理论进行了完善。在巴斯的观点中,新闻生产的过程存在两个阶段,即新闻采集和新闻加工(图6.2)。所以,提升"把关人"媒介素养的渠道,可以从两个方面入手:第一,提高新闻记者的媒介素养。记者是接触新闻的第一人,也是信息渠道的第一位"把关人",他们可以整合第一手资料,是生产一则新闻产品的首要因素。第二,提高新闻编辑的媒介素养,确保信息的准确度与流畅度,同时确保信息源的可靠性与客观性。

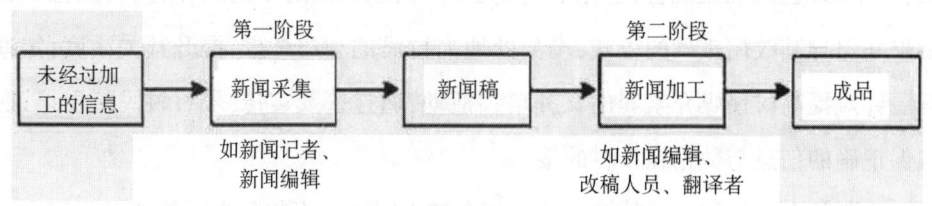

图6.2 巴斯"双重把关"模式示意图①

个人认知决定媒介素养的高度,媒体人需要有严格务实的职业素养。新闻记者和编辑媒介素养的提升过程,需要与社会信息传播及沟通的需求相吻合,学习内容大致分为以下三个方面:其一,相关单位应当对新闻记者和编辑的新闻编撰与排版技术进行培训,提高他们对新媒体办公程序的熟练程度。新闻采编最基础的任务是整理新闻稿的内容,去粗存精,删除无用信息,充分利用媒介特有的编辑技术,采用最合适的编排方式,帮助受众理解信息,达到信息传播的最优效果。同时,新闻记者和编辑应当熟练使用网络媒介,在信息处理过程中对多方信息进行吸纳反馈,完善自己的信息渠道。优秀的新闻记者都是多面手,他们对信息采编、网络技术应用都得心应手。

其二,新闻记者和编辑对文字的掌握程度与文学素养水平也是媒介素养考察的一部分。面对扑面而来的信息,媒体人需利用自己深厚的文字功底进行整合分析,这不仅体现在熟练的操作技能上,更需要日积月累的文学造诣。媒体人应当有意识地提高自己对文字的掌握能力,完善知识结构,如对新兴词汇、网络用语的认知,对古诗词的理解等。

其三,新闻编辑敏锐的判断能力亦十分重要,编辑在媒介素养提升过程中需要不断培养对新闻的敏感度。只有这样,编辑在面对新闻稿件时,才能对新闻价值进

---

① 吴灏鑫,牛伟.重新认识主流媒体在新媒体平台的"把关"角色[J].新闻与写作,2018(6):100-103.

行敏锐、快速的分析,抓住新闻的核心点,对稿件内容进行取舍。

主流媒体的管理层是平台信息的掌舵人,管理层的媒介素养水平关系着媒体的信息传播风向。笔者建议主流媒体的管理层定期接受媒介素养教育培训,主要培训方向是提高把关意识。培训可以聘请高校相关领域的知名教授授课,确保课程质量。作为信息处理的掌舵人,管理层首先要把好新闻的政治关。主流媒体是党和政府的喉舌,一切信息必须与党同步,与人民同步。其次,要把好新闻的真实关。真实是新闻的生命,也是广大新闻工作者应遵循的底线与原则。最后,要把好新闻的基调关。根据国家的法律法规,过滤有害和不适合传播的信息,提取对受众有价值的信息。如江苏教育电视台《棒棒棒》节目出现的问题,就是管理层没有充分把握基调关导致的。

主流媒体是当前信息传播最大也是最权威的渠道,因此应当扮演好"把关人"的角色,紧跟时代发展的步伐,从宏观和微观上把握受众需求。不论是管理层,还是新闻记者、编辑,都要不断创新,更有效地整合与运用新闻资源,提升自身的媒介素养,以此获得最佳的传播效果。

(二) 自媒体平台当好"传播者"

近几年,网络上掀起了"自媒体热",低门槛的平台让人人都可以分一杯羹。关于自媒体的定义,美国研究者将其称为"普通市民通过数字科技与全球知识体系,提供并分享他们真实看法、自身新闻的途径"。总而言之,自媒体平台使大众获得了网络话语权,大众从新闻的接收者转变为发布者,这是自媒体平台深受欢迎的原因之一。

据不完全统计,仅"今日头条"自媒体平台就累积了惊人的 66 亿人次的激活用户,1.4 亿人次的活跃用户。用户发布一篇吸引眼球或者趣味十足的文章,浏览量可以轻松达到几十万。另一热门的自媒体平台"微信公众号",因为载体是微信手机客户端,所以同样拥有大批用户。公众号在运营过程中甚至可以融资,这对公司、团体乃至个人而言都是一个快速又高效的宣传盈利平台。诸如此类的自媒体不胜枚举,传媒公司、小团体甚至个人都可以创立自媒体。

由于自媒体早期约束较少,所以有的自媒体为了吸引眼球,故意发表一些制造矛盾、煽动网民情绪、偏离事实的内容,对社会产生了消极影响。2013 年夏天,一些网民向北京公安机关报警,称网上出现了诸多针对道德楷模雷锋同志的谣言,严重损害其名誉。得到消息后,北京警方立即开展工作,通过缜密侦查,一个以"秦火火""立二拆四"为首的团体浮出水面。这个团体是一个专门的网络推手公司,以在互联网策划制造能够引起轰动的网络事件而"闻名",实则蓄意制造并传播谣言、恶意侵害他人名誉,最终通过吸引眼球达到非法牟利的目的。

古诗云:"谁知盘中餐,粒粒皆辛苦。"尽管我国粮食生产连年丰收,但我们对粮食安全始终要有危机意识。2020年夏天,习近平总书记对制止餐饮浪费行为作出重要指示,指出要加强立法,建立长效机制,坚决制止餐饮浪费行为。为落实该指示,8月12日,央视针对盛行于短视频平台的"大胃王"吃播浪费粮食现象进行严肃批评。这些主播看起来有异于常人的功能,可以在短时间内吃掉大量的食物,但绝大多数是假的,是靠剪辑拼凑而成的,所谓"大胃王"都是将食物在咀嚼之后吐掉。针对这一现象,抖音相关负责人表示,"吃播"等浪费粮食的行为一经发现,平台将在第一时间按违规程度进行处罚。快手相关负责人也表示,只要发现创作者用假吃、催吐等方式博眼球,平台就将根据情节严重程度给予删除作品、关停直播、封禁账号等处罚,同时加强对美食类直播内容的审核。

自媒体的媒介素养水平同样关系着社会舆论与社会价值。近年来,国家为了规范自媒体的行为,出台了一系列法律法规,如《网络出版服务管理规定》《互联网信息服务管理办法》等。但仅有法律的约束仍不够,自媒体人及其团队需要在网络生活中提高媒介素养水平。

针对自媒体的门槛较低、自媒体人的媒介素养水平参差不齐等问题,解决的办法主要有两种:第一,鼓励微博、今日头条、抖音、知乎等自媒体平台出台约束自媒体人的条款,加大审核作品的范围和力度,一经发现内容违规违法,或者负面不实,立刻封锁其平台账号并永远不得再次使用。平台可以要求自媒体人在申请账号时,按规定上传身份证,确保实名制,以便检查问责。针对网民反映的一些自媒体违法乱纪行为,平台应进行必要及时的处理。平台还应鼓励自媒体人学习媒介素养知识,定期给自媒体账号推送短消息,传播媒介素养的重要性,起到监督鼓励的作用。平台可以在审核之后,对媒介素养水平较高的自媒体给予奖励政策,如推广至首页、加大浏览量等。

第二,低门槛不等于无门槛,自媒体不是法外之地。随着自媒体的大量增加,国家应逐渐提高平台的审核标准。比如,进一步明确平台及相关方的责任、权利与义务;什么样的言行属于违法行为,应承担什么样的后果,应遵循什么样的法律法规等。我国已经在推进建设关于网络和各种传播软件的监管法律法规,以促进社会文明的发展。2020年11月13日,国家网信办发布《互联网直播营销信息内容服务管理规定(征求意见稿)》,就是对此进一步补充。

第二节　媒介素养教育的方法

一、过滤虚假,如何筛选正确信息?

一消费者在快递包裹内发现一张淘宝消费节的宣传单,宣传淘宝正在开展抽奖活动,他刮开抽奖区发现中奖,于是他按照宣传单的提示添加企业微信并加入某微信群领奖。在微信群中,有网友正在发布兼职消息,称可以刷单返利。该消费者按照指引下载某App并进行相关操作,先后转账7笔共计115万元人民币,直到警察上门他才知自己被骗。这是一起典型的网络诈骗案例。近年来,类似网络诈骗、电信诈骗案例层出不穷。面对铺天盖地的网络信息,人人都需要一双慧眼,以辨别虚假信息,避免被信息误导,损害自身或他人利益。

我们应该如何过滤虚假、有害信息呢?首先,我们需要培养自身的思辨能力,认清事实真相,保持清醒头脑,不轻易被信息所左右,同时利用媒介参与社会公共事务,提升自我的媒介素养。比如,我们可以通过大量的网络阅读来培养信息理解能力、分析能力。针对同一个新闻事件,不同媒体有不同的报道方式与角度,这会给我们带来不同的思考空间。大量的阅读可以使我们逐渐拥有思辨能力。

其次,在浏览大量信息之后,我们需要培养自己的"可迁移能力",即学以致用的能力。浏览信息是为了利用这些信息完善自己的知识架构,把信息移植到头脑里,进一步加强对信息的理解与领悟力,分辨信息的虚实真伪。

最后,我们还要具备良好的沟通质疑能力。培养思辨能力不能只是"修行在个人",一个人的思维方式终究比较局限,我们鼓励大家对同一件事发出不同的声音。针对同一则新闻,朋友、家人发表不同的看法,就是进行日常的"思辨训练"。我们会发现,大家站在不同的立场与角度,会传达出不同的价值观,从而更深层地剖析事件。比如,网上有一篇关于"虎爸"姚国华的报道,称姚国华在三九寒天脱光儿子的衣服,任由三四岁的孩子在雪地玩雪;三伏天,他带儿子到山区"夏令营",每天让儿子暴晒两小时;儿子高烧40℃,姚国华拒绝带他看医生,坚持"自然痊愈"。这些非常人的做法引起社会各界广泛探讨。笔者家也不例外,有人支持姚国华的另辟蹊径,称看似野蛮的教育方法实则蕴含哲学,也有人不赞成他的做法,觉得此等偏激育儿方法会影响孩子的身心健康。笔者家经过激烈的讨论,并没有分出胜负对错,大家都认可这件事利弊共存,不能以对错论调。这个过程就是我们培养思辨能力的过程,家庭成员会提炼他人的观点,形成自己的观点。这个沟通质疑的过程可以把"终结性评价"提升为"形成性评价",使我们的思维更加深刻、更富有内涵,从而提升自身的思辨能力。

二、质疑精神,如何培养批判性思维?

2017年,娱乐圈一位赵姓演员的团队发微博称,赵姓演员出演的电视剧在网络上的播放量达1800亿,成为历史第一人。他们本以为公布这项数据可以获得大众的认可和赞美,没想到遭遇滑铁卢,迎来铺天盖地的质疑声。有人对如此庞大的数字作了统计后戏称,这个惊天的浏览量只有全世界所有的哺乳动物都观看一遍才能达到。团队还称赵姓演员的一部剧的播放量为480亿,网友简单地计算出,要想达到这个播放量,需全球70亿人每人观看近7遍。网友在微博评论区或计算或调侃,公开批评其数据造假,让赵姓演员及其团队名誉受损,之后不再发布类似数据来吸引眼球。别的艺人也吸取经验,更加严谨地在网络上发布信息,客观对待数据,并逐渐淡化流量型数据。

我们在互联网世界中既是受众,也是参与者,更是监督者。互联网世界拥有不计其数的渠道平台,消息的真实性并不绝对,大众在面对未知、恐慌、敏感等的信息时,容易出现错误的判断。除了非理性思想,我们还有从众心理,很容易被周围的思想影响而丧失自我判断。批判性思维可以追溯到约2400年前的古希腊思想家苏格拉底,他认为一切知识均从疑难中产生,这句名言同样适用于网络世界。20世纪40年代以来,美国等西方发达国家,甚至菲律宾、委内瑞拉等发展中国家,已经把培养批判性思维确立为媒介素养教育的目标之一,批判性思维是一个人媒介素养的重要体现。

那么我们应该如何培养批判性思维呢？批判性思维作为一种独立的质疑精神，不是与生俱来的，而是需要后天学习的。在学习过程中，我们要有对信息的理解能力，读懂信息，分清事实部分与作者观点部分。首先，在理解能力方面，我们要知道事实部分是不带个人情感的陈述，这一部分也分真伪，有些消息连信息源都是假的。所以，我们要边看边思考，有疑问就多方查找信息，找寻事实的真正出处，判断信息源头的可信度与客观性。

其次，在分清事实部分和作者观点部分后，我们要清楚作者观点部分有作者自身的立场解读与是非对错的判断。因此，我们要了解作者的相关经历与身份，了解作者写这篇文章有没有相关利益，从而判断作者的观点是否可取，论点是否充分、专业。除此之外，我们还可以通过提问来加深对信息的批判性理解。在事实部分，我们可以问：这件事的来源是否为权威渠道？在哪里可以看到出处？例如，针对赵姓演员团队宣传的 480 亿电视剧播放量，我们可以提问：数据源头是哪里？这个数字是如何计算得出的？在作者观点部分，我们同样可以质疑：作者的判断是否严谨？作者在判断过程中有没有受情绪、立场等人为因素影响？我们在多提问后就会发现，很多消息是值得质疑的，新闻记者的观点也不尽是客观公正的。而我们需要秉持中立与开放，不迷信、不教条的原则，把信息内容分类，对每个信息提问，抽丝剥茧般地还原事实、分析论点。批判性思维不仅有助于我们利用媒介资源获取有效信息，更能帮助我们了解媒介的传播过程和事实真相，从而提升自身的媒介素养。

三、媒介刻板，如何打破刻板印象？

刻板印象是指人们对某一类人或者某一类事物产生比较固定、笼统、统一的认知，是由于某种经验主义而产生的由"个别推至整体"的心理行为。例如，在 2019 年的"重庆公交车坠江事件"发生后，因为公交车撞上一辆红色小轿车后坠江，很多媒体一开始的关注重点并未放在公交车上，而是集中在那辆被撞的小轿车和开车的女司机身上。最初的报道甚至称这辆小轿车逆向行驶撞上了公交车，这位逆行的司机是一位"穿高跟鞋的女司机"，她突然逆行导致公交车避闪不及酿成车祸惨案，而肇事女司机已被警方控制，等等。一时间，"女司机肇事""女性开车穿高跟鞋"等话题冲到微博热搜榜的顶端,加之车祸异常惨烈,引起网民的一片声讨。然而,经过仔细查证,警方证实事故的起因是公交车司机在正常行驶过程中与车上的乘客发生口角,扭打之间失去方向盘的控制而导致车辆突然越过中心线,撞向正常行驶的小轿车后坠入江中,并非"女司机"之过,小轿车车主反而是无辜被牵连的受害者。

这则新闻因为媒体的偏颇报道失去了正确的方向,虽然最后出现了反转,证明了"女司机"的清白,但是笔者浏览了一些后续的新闻报道发现,诸多文章对"女司机"进行了攻击,甚至在事情原委弄清之后,继续对女性是否适合开车提出了无端质疑。例如,新闻报道列举"女性停车位""女性造成的交通事故"等案例,无形中将女性视为容易犯错甚至犯罪的"罪恶之源"。其实,不仅是"重庆公交车坠江事件"如此,很多新闻中的女性形象常常是负面的、容易引起争议的,刻板的媒介印象常常导致女性被污名化。

媒介刻板印象不仅体现在女性形象方面,一些媒介为追求轰动效应,扭曲、强化某类刻板印象的行为也屡见不鲜。那么我们应该如何打破媒介固有的刻板印象呢?第一,我们可以通过自媒体来消解传统媒介的刻板印象。自媒体的低门槛使得人人都能成为信息发布者,在自媒体平台,信息传播速度快、传播方式多,优质的自媒体工作者可以通过发布积极灵活的信息,成为新的信息载体。如果真正做到人人都能发声,为自我代言,就能扭转原始的刻板印象。

例如,周、秦、汉、唐等13个王朝先后在西安建都,西安给人们的传统印象是一座具有厚重感的历史名城、文化古都,但通过抖音这样的短视频平台,西安重新诠释了它的时尚和活力,完全颠覆了人们心目中的形象。这件事最初是一名用户在抖音发布了一条关于西安旅游的短视频,并创建了名为"西安"的挑战,渐渐地,越来越多的西安人和游客参与到这个挑战中,西安的名胜、美食、民俗等逐步出现在抖音上。最有名的就是永兴坊的"摔酒",很多游客不远千里赴西安就是为了体验"摔酒",西安可谓是在抖音上"一摔成名"。接着,一首《西安人的歌》在网络走红,更是推动了西安成为"抖音之城"。西安文旅部门借着这股东风大做文章,利用新媒体打破了西安的固有印象,推动了西安旅游业的发展。2018年春节期间,西安居全国旅游榜前三位。

第二,传媒工作者,尤其是官方新闻工作者要与时俱进,摒弃传统的老旧观念,积极学习当下的人工智能技术,以平等、理解、务实的心态采写消息,扮演好舆论引导者的角色。农民工这个群体较为特殊,由于受教育程度不高,他们很难为自己发声,更不懂如何利用媒介为自己维权,传统报道有时也会在无形中贬低农民工形象,引起部分人对农民工的歧视。而现在,关于农民工的新闻报道主题基本都很积极健康。在2011年的春节联欢晚会上,农民工出身的"旭日阳刚"组合登台表演,极大地扭转了农民工给外界的印象,同时也把正面健康的中国农民工形象传递给全世界。打破媒介刻板印象不仅可以改变原有偏颇的想法,还可以影响先进文化的发展方向,促进社会的和谐进步。

四、打破束缚,如何创新媒介能力?

近年来,风靡网络的5G技术以高速度、低延时的特性引领了万物皆终端、万物皆媒介的变革。5G技术带来了全新的媒介交互式体验,交互视频开始大量出现,很多电视剧、综艺节目也因此改版。交互视频是一种全新的视频类型,其特点为多支线、多选择、多结局。它是艺术与技术的融合,旨在为观众带来更加丰富的沉浸式观看体验。

2018年,湖南卫视的《明星大侦探》第四季推陈出新,打破了旧的探案模式,推出了"互动微剧"——《片场谜案》。在开播之前,节目组就已经铺设好种种线索,用互动的方式让观众一起探索破案。节目组的官方微博放出了加密的"互动微剧"中的角色微博名和线下打卡地点,以此增加观众的沉浸感。相较前三季,《明星大侦探》第四季的故事更复杂,实景拍摄也比棚拍多了一份真实感,对参加的明星来说,在真实的场景里搜证和推理也增加了他们的代入感。

5G技术同样延伸到游戏当中,游戏网站"橙光网"已经逐渐形成了泛娱乐品类下的新兴垂直领域产业链条,并通过自身的业务势能,成功带动立绘、音乐、剧本等上下游领域的发展,为在线互动阅读行业增添了探索空间。橙光网是国内交互平台的代表,它摒弃了以往玩家只能被动响应游戏的娱乐方式,创新地使玩家可以自己创造角色、剧本、情节、人物等,一时间在以"90后"为代表的客户群体中风靡,取得了惊人的成绩。橙光网推出的游戏不仅受到学生的追捧,言情、武侠、玄幻类的剧情和代入感也成为成年人解压的乌托邦。交互视频等新兴媒介的推广是5G技术带来的进步,也是传统媒介作出的创新之举。

我们应该如何创新媒介能力呢？第一，在保证健康发展的基础上，充分挖掘媒介的创新能力，让媒介市场化。在改革开放的几十年里，我国媒介领域发生了巨大的变化，经历了从规模竞争到品牌竞争再到创新竞争的过程。随着科学技术的不断发展，新媒介的发展更具前景，媒介市场化也更具空间。

第二，培养媒介领域的核心竞争力，加速媒介创新能力的培养。如今，媒介产业的竞争白热化，归根结底是核心竞争力的比较。媒介产业的核心竞争力是其特有的支撑自身可持续发展的内在核心能力，是别家无法模仿的，包括资源整合能力、市场响应能力、持续创新能力等。媒体机构必须加强对内部和外部资源的整合能力，在体制上实现创新，延长产业链，对市场风向保持高敏锐度，针对市场需求生产内容。比如，湖南卫视近几年推出的几档真人秀节目，屡创收视率新高。湖南卫视看准了市场行情，摸透了受众需求，在大框架中加入了创新元素和本土元素，相继推出了由娱乐圈明星爸爸带着孩子体验生活的《爸爸去哪儿》、由数十位年龄不等的娱乐圈女明星参加的选秀比赛《乘风破浪的姐姐》、由来自世界各地优秀歌手参加的《我是歌手》等节目，每一档都广受好评。湖南卫视也成功地从内容相对单一的《快乐大本营》《天天向上》转型，实现了文化产品的内容创新、品牌创新，打造了属于自己的传媒品牌矩阵。

第三，时刻紧跟时代，掌握先进技术。20世纪90年代以后，以网络为首的数字化媒介技术被创新应用，信息传播进入了互动时代，提升了现代信息的传播力与渗透力。媒介技术的创新衍生出数字化媒介，使受众摆脱了纸质媒介的束缚，可以更加随意地使用媒介工具，从而更加便捷地获取信息。同时，新媒介技术也拉近了虚拟世界和现实世界的距离，改变了传统的思维方式。比如，VR技术、互动视频等以一种新的展示方式，让受众沉醉其中，使科学传播变得更加丰富与有趣，从而推动媒介的创新。

第七章　媒介素养课堂式辩论

▶**学习目标**

道理越辩越明,学生在实际的辩论中,必须对资料进行前期采集、实地采访、深度剖析,辩论时要旁征博引、急中生智、口舌交锋、观点碰撞。通过这样的方式,学生将对辩题有更充分理解与认知,达到理论与实践的充分拓展。

本课程前六章引入大量中外鲜活的案例进行探讨,重视多元化的观点和宽广的视野,并试图超越事物的简单现象,帮助学生建立完整的媒介素养知识结构,从而懂得如何更加理性、成熟地理解和使用媒介。同时,本课程也尝试开展一些实践训练,让学生运用媒介技术来表达自己的观点。

本章采用翻转课堂的形式,既有教师的讲授部分,也有学生的辩论部分。学生在教师出具的选题中抽取一个,10人左右为一组,自己分配辩论角色、寻找辩题依据、确定辩论形式,并进行现场辩论。

辩题一:"挟尸要价"事件中王守海老人是否被侵害名誉权?

事件原委:

《挟尸要价》是一幅新闻图片(见第三章图3.4),2010年,《挟尸要价》获得中国新闻摄影最高荣誉"金镜头"奖,引发一些质疑。

2009年10月24日,湖北荆州大学生何××、方××、陈××为救溺水儿童牺牲,而打捞公司在打捞尸体时竟然漫天要价。记者说图片中的白衣老人王守海是打捞公司的员工,当时正在"挟尸要价",3.6万元捞尸费不到位,就不捞尸体,而王守海老人却称自己只是在指挥他人牵尸靠岸。

照片发出后,王守海老人成为众矢之的,他认为自己被记者侵犯了名誉权和肖像权。

一、辩论形式

此次辩论以电视台开选题会的形式,用媒体人的身份挖掘该辩题背后的意义。
辩论人员:

[台长]吴鑫瑶

正方:[组长]谭清漾

[组员]张浩、张涵韵、陈简晴宇、杨北辰

反方:[组长]肖嘉玲

[组员]陈姝燃、陈泉泰、王月、张雅婷

二、辩论基本流程

(一) 前期准备

所有成员开会决定辩论形式并分组。

每组组员的辩论稿由台长和组长协助整理。

(二) 具体流程

1.台长组织召开选题会

台长向观众介绍本次选题的辩论形式,阐述辩题,介绍正反方辩论人员。

2.双方组长代表小组发言

双方组长分别向观众总述小组的核心观点。

3.正反方组员依次发言

每个组员分别说明自己的观点,细化组长的总述。

4.自由辩论

在所有组员发言结束后,由台长组织整理思路,30秒后进入自由辩论环节。

两组人员皆可互相发问与应答。

5.双方组长发言

组长分别代表本组总结发言,坚定己方观点(上高度)。

6.台长总结

台长主持大局,总结双方的观点,最后以幽默的方式结束辩论。

三、辩论详情

"非法不营利"电视台选题会正式开始(图7.1)。

图7.1 台长组织开会

(一)台长组织召开选题会,双方组长代表小组发言

[台长]吴鑫瑶:

欢迎大家来到我们"非法不营利"电视台,我是台长吴鑫瑶。我今天把大家召集在这里开这个选题会,是因为近日一起"挟尸要价"事件在民众中的讨论度非常高,我们台打算对此做一期深度报道。根据我和两位组长的讨论,我们决定将选题定为"挟尸要价是否侵害王守海的名誉权"。接下来,由两位组长代表正反双方,带领大家一起进行更深入的讨论。更有说服力的一组将获得这期节目的制作权。

首先请正方谭组长发言(图7.2)。

图7.2 辩论现场

[正方 组长]谭清潆：

我先对该事件进行简单的介绍。"挟尸要价"事件的主要内容是：三名大学生为救溺水儿童牺牲，打捞公司面对家属和师生的哀求，仍然漫天要价，声称如果不交钱，就不打捞尸体。记者拍摄的这张照片获得了"金镜头"奖，我们组内讨论后认为"挟尸要价"侵犯了王守海的名誉权。根据名誉权的定义和对事件的分析，我们承认王守海的客观参与，但是他的名誉权依旧应该受到法律保护。我们将从媒体责任、感性理性的角度进行论证，解释到底为什么王守海的名誉权受到了侵犯。

[台长]吴鑫瑶：

好，下面请反方肖组长发言。

[反方 组长]肖嘉玲：

台长好，各位小组成员好，针对对方组长的发言，我想先提几个问题：什么是名誉权？怎样才算侵害名誉权？到底是谁在侵害王守海的名誉权？

首先，在我们小组看来，这张照片并没有侵犯王守海的名誉权。从已知的信息来说，挟尸要价是客观事实，王守海老人客观参与了这个事件，记者合理客观地报道了整个新闻事件，网友根据报道发表自己的观点。在这个过程中，何谈侵害名誉权呢？你说是吧，台长？

[台长]吴鑫瑶：

嗯，两位组长都立场坚定，那我想听听各位组员的想法，先从正方开始。

(二)正反方组员依次发言

[正方 组员一]张浩:

王守海真的好惨呀!我不否认他是这个事情的客观参与者,但这个事情的影响已经远远超出了王守海应该承受的结果。很多记者到他的家中采访他,以至于王守海想着办法躲避他们。网上的恶评更是可怕,甚至上升到对王守海老人的人格侮辱。王守海彻夜难眠,打捞队的打捞工具和渔网都被烧了,上街则人人喊打。按照王守海的话说,便是"那位记者全国有名是英雄,我全国有名得骂名"。

这难道还没有侵犯王守海的名誉权吗?作为一名普通的农民、一位普通的打工者,王守海只是希望靠自己仅有的这份能力挣点小钱。生活本就不易,王守海如今被世人扣上了"挟尸要价"的罪名,每天受到人们的谩骂与冷眼旁观。这是普通人都承受不了的,更何况王守海是一位年过七旬、患有严重高血压的老人。就因为一张瞬间性的照片,王守海就成了"挟尸要价"的坏人,我真的非常同情他!

不仅是这些,王守海的照片还被网友做成表情包,夸张的文字配上王守海严肃的表情,产生的反差虽然看上去有趣,但被网友用来互相调侃,王守海通过女儿才得知自己被网友如此戏弄,你们知道王守海的心有多寒吗?尊严何在?名誉何在?

以上就是我的一些看法。我们应该静下心来想想这起事件带来的社会舆论有多大,王守海只是受害者之一,当地的渔业同样受到很大的影响,这难道不是一种侵害吗?请抛开那些被表象冲昏的念头,名誉权每个人都有,每个人都需要被尊重!

[反方 组员一]陈姝燃:

台长、组长,大家好。我之所以认为王守海没有被侵犯名誉权,有两点原因。

首先,我想说明一件事情。在我们讨论王守海老人是否被侵犯了名誉权的问题之前,我们应该明白一点:老人、渔民和捞尸人的区别。

在整个事件中,没有人是以渔民、老人的身份行动的,但我们为什么在讨论这个选题的时候,常常可以看到这两个词?我们是不是可以认为,是因为王守海自知捞尸人的身份在道德上没有什么便宜可以占,所以巧妙地后退一步,把自己放在了弱势的位置,先是渔民,再是老人,只为了博取同情呢?如果假设成立的话,是否代表在案件决断时,只要我摆出弱者姿态,我就可以拥有更多的特权呢?

其次，依据名誉的基本特征——社会评价，一般来说，如果自我评价低于社会评价，呈现的是一种满足现状的状态。而王守海认为的被侵犯名誉权，即认为因为记者的一些不实言论导致自己的社会评价低于自我评价，产生了一种受委屈的心态。但是，我们不可否认的是，王守海客观参与了挟尸要价这个过程，是这一行为的执行者。所以，我不认为王守海是完全无辜的，即我不认为王守海在参与"挟尸要价"后，社会评价低于个人评价是不合理的。就名誉本身来说，是王守海的客观行为导致了社会的评价导向。所以，在这个方面，我不认为王守海被侵犯了名誉权。

其实，挟尸要价这个行为也应该被批评，至少不应该被赞美、被体谅。我听过一句话：带着盈利为目的的劳动本就不应该被过度美化。普通劳动尚且如此，更不要说是败坏风俗的挟尸行为了。希望大家在看待这件事情的时候，不要被过多的盲目感情因素所蒙蔽，以求事实真相的目的和公正平等的心态给这场闹剧画一个圆满的句号，以告慰三位英雄的在天之灵。谢谢大家。

[正方 组员二] 张涵韵：

台长、组长，大家好！

首先，我想说一下对方组员陈姝燃所说的"弱者身份"问题。我们并没有把王守海放在一个弱者地位，只是强调他的身份确实是一个老人。难道就因为他既是捞尸人又是老人，他就没有人权了吗？他受到的人身攻击就可以被忽略吗？

我们要弄清楚陈波与王守海的主次关系。这件事情的主谋并不是王守海，而是他的老板陈波，王守海只是受雇于老板陈波的一个打工者，陈波才是主要拿钱的人。

新闻报道的是："船主陈某把打捞上来的遗体用绳子绑住，以索要更高的捞尸费。"但是，为什么王守海不将尸体搬上船呢？第一，打捞尸体的渔船并不是王守海的，而是其他人的。第二，打捞尸体的渔船也是当时的居家船，当地风俗是死人不能被搬上船，否则不吉利。照片是真实的，文字也是真实的，但是照片和文字连起来就容易对大众造成误导。

新闻中说："王守海侮辱英雄尸体，因为3.6万元没有全部到手而把他们的尸体久久横在水中。"王守海不一定知道那是英雄，虽然照片是真实的，文字也是真实的，但是这样不确定的瞬间给大众造成的误导，难道不算诽谤吗？这张照片造成的舆论对王守海的个人攻击和人身攻击，刚刚张浩同学都已经提到了，这还不算对他的侮辱吗?

其次,我们并没有确切的证据表明王守海挥舞着右手就是在挟尸要价。因为在整个事件中,王守海老人说了很多话,虽然有目击证人听到他说"说好三万六,钱到了再往上拉",但是也有七八个目击证人听到他说"船要靠岸,大家往后退"。

我们并不否认王守海确实参与了挟尸要价,因为他也说了要价的话,但是对于单张照片上的王守海到底在说什么,是在要价还是在停船,我们并不知道。因为得到的结论是"不再对此细节进行深究",警方和媒体都没有再探索下去。

再退一步讲,加害者也有人权,名誉权也应该受到保护,加害者不应该由于舆论的偏向变成受害者,我们不能用一件错误的事情去解决另一件错误的事情。更何况,王守海老人并不完全是加害者,他是在老板陈波的指令下做事的,却成为他的老板和几个捞尸人的替罪羊,他真是太惨了!

因此,我认为,挟尸要价事件侵犯了王守海的名誉权。

[反方 组员二] 陈泉泰:

大家下午好,我们小组的论点是记者并未侵犯王守海的名誉权。

首先,记者拥有报道权、发表权。所以,当这一事件发生的时候,出于职业敏感度和专业素养,记者拍下这张照片是完全合理的。当然,记者拿着他拍摄的照片参加比赛也是合理合法的行为。

其次,记者的职责是及时捕捉新闻线索,及时采写重要新闻和独家新闻,将事情的真相及其代表的意义通过报道呈现于大众媒体。因此这张照片的拍摄记者仅仅是在完成他的分内工作而已。并且,侵权的一个关键要素是行为人主观上有错误,如没有,则无法认定侵权。我们虽无法确切得知记者的主观想法,但是根据一系列相关报道,我们可以了解到记者对王守海本人并无错误的或特别的想法,只是单纯地捕捉了新闻事件的瞬间。

再次,法律把新闻摄影行为界定为一种为公众服务的信息传播行为,而不是以营利为目的的商业活动。因此,新闻摄影是满足社会公众信息需求的非营利性行为。记者出于这样一种责任进行拍摄,他拍下的照片是为公众服务的,为大家揭露这样一个事件,让公众进行思考和讨论。

而且,摄影只是记录一瞬间,快门也是没有感情和温度的,单纯去判断照片上的动作毫无意义。我们应该透过瞬间去看事件、看本质,因为真正造成影响的不是这个照片而是这个事件。照片仅仅是时间的代表性瞬间,导致严重后果的是事件而不是照片,照片用于正常的新闻报道,何谈侵权?记者只是记录事实,并未作出评价。无论导向如何、影响如何,事件只关乎行为人。

最后,我们从侵犯名誉权方式的角度去说。侵害名誉权的方式有两种:诽谤和侮辱。我们先来看侮辱。我认为记者在报道过程中,完全不存在侮辱行为。我们再来看诽谤,最有争议的就是诽谤。在造成诽谤的条件里,有一条是报道内容严重失实或基本内容失实。在既定条件里,我们可以知道,王守海老人确实参与了挟尸要价这个事件,我可以接受大家提出来的记者在报道和刊登过程中出现了内容偏差的说法,但是不能因为记者的失误,我们就混淆了主次,认为挟尸要价这个行为是不该受到指责的。所以,要说基本内容严重失实,我认为是不合理的,从以上内容来看,我不能接受记者诽谤王守海老人的说法。

[正方 组员三] 陈简晴宇:

让我们看看令事件爆发的新闻报道,图下的配文是这样的:"打捞船赶到后,船主陈某(船头着白色衬衫者)把打捞上来的一名大学生遗体用绳子绑住,以索要更高的捞尸费。"

这张照片是未被加工的,文字描述在一定程度上也是事实。但首先,照片中的白衣老人王守海,系雇员,而文字描述的是老板陈波。照片和文字连起来,严重误导了读者。只想着拍一张最具戏剧色彩的照片,就把王守海置于风口浪尖,这是合理的吗?让真凶隐匿于背后,将王守海当作挡箭牌,为事件负责,这是媒体在替代法律吗?

三位大学生英勇救人,渔民捞尸收钱,本该是各自存在的事情。我佩服记者的新闻敏锐度,可这篇报道是否只求速度而忽略真实了呢?你们一味地因王守海的沉默就让他扮演案件的总施害者,推他上审判台,这是以偏概全;一味地说"挟尸要价"的披露是媒体合法的权利,但这是偷换概念。请直面在这件事中,媒体的不作为、乱作为给王守海带来的实质性伤害吧!

因此,就算文案和照片再次修改,在短短两三天内,事件持续发酵,王守海已经被侵犯了名誉权,他已经在风口浪尖,被千夫所指。别说媒体没有为自己的失误道歉,就算澄清,也挽救不了什么。

[反方 组员三] 王月：

诚然，在第一篇报道中，记者将王守海老人错认成船主陈波，但在第二天的报道中便及时修正了这个问题。《南都周刊》《新京报》等转载媒体对图片的标注都是"老人不是打捞公司老板'陈某'，而是渔民王守海，要价者是老板陈某，而非照片上的渔民"。"金镜头"奖的图片说明是："说好的三万六，钱到位了再往上拉……我只听老板的。身穿白色衬衫的王守海站在船头，一只手牵着一根绳子，绳子的另一头在水中，系着一具英雄的遗体。"

挟尸要价不仅是道德问题，更是触犯了法律。根据我国法律规定，打捞尸体需要相应的资质，并且费用应由公安机关和当地物价局共同协定。媒体发布挟尸要价这张图片，是把参与者王守海老人当作一扇窗户，透过这扇窗让读者了解到不合理的社会问题。

媒体报道需要时间，在不断的跟进中还原事件真相。同时，这也是一个逐渐深入的过程，必须从表象深入挖掘背后的故事。表象就是站在船头的王守海挟尸要价，而背后的故事是王守海受雇于船主陈波，以及打捞公司的违法打捞、敲诈勒索的行为。

对此，媒体已经作了跟进报道，揭示了真相，点明了陈波才是整件事的主谋。所以，记者和其他媒体都没有侵犯王守海的名誉权。

[正方 组员四] 杨北辰：

好的，下面来说一下我的观点。我认为，在挟尸要价事件中，王守海老人确实被侵害了名誉权。首先，我们要明确的是，由于照片的标题或者配发的文字说明与事实本身不符，引起公众误解或误读照片内容，导致当事人的社会评价降低，客观上就涉嫌构成侵害名誉权。

其次，我们再来看这件事。普通受众在没有详细地了解事实之前，初次看到挟尸要价的照片和配文，很容易先入为主，因为记者的图片命名和文字都向人们传达了带有误导性的信息。虽然照片真实地反映了一些社会风气，迎合了民众发泄怨气的心理需求，但记者在事实证据不充分的情况下就将照片中的老人定义为挟尸要价的主角，引导舆论集中到老人身上，使王守海老人为社会风气的败坏承担责任，被舆论谴责声讨，这难道没有侵害老人的权益吗？

我们知道，新闻作为一种媒体信息，应尽可能准确地传递现场的每一个客观信息,避免自然或人为的遗漏和疏失。而这张图片却有意无意地回避了新闻细节和可能存在瑕疵的问题。正是这样不负责任的行为,导致王守海老人为千夫所指,名誉权受到侵害。

最后,对方口口声声说,记者选用这张照片只是想通过它揭露挟尸要价事件背后的问题,不是记者主观上想侵害老人的名誉。但事后引发的各路媒体和网友对王守海老人的口诛笔伐,甚至是人身攻击和咒骂,难道就可以被忽略吗?主观不侵害,客观侵害,难道就不算侵害吗?

[反方 组员四] 张雅婷:

我们从侵害名誉权的排除角度来说:作品是真实的,不存在记者单方面的造假,不存在媒体为了追求点击率和经济利益的竞争,也不存在记者个人利益的驱动。该作品发表后获得了"金镜头"奖,但获奖并不是记者拍照的初衷。也就是说,记者拍摄该作品并不是出于单方面对奖项的渴望。

退一步说,就算记者是为了得奖而到处寻找合适的瞬间,但事实是作品中的事件的确发生了,记者的所作所为只是对事件的一个捕捉和发表而已,发表本身不存在问题。因为记者享有作品的著作权,不存在对照片进行 PS 的行为,即使是有奖项的吸引,也只能说是他碰巧遇见了合适的素材,而不存在造假的行为。

关于特许权的问题,的确,王守海没有允许或并不希望记者拍下照片并发表,但王守海在公共场合的所作所为都是公开的,现场的人与其他公众都具有知情权。王守海参与了捞尸行动并承担了一个重要角色,尽管他不是打捞公司的老板,不是确定此"行业规矩"的主要人物,尽管他是一个看上去无辜、看上去顺从上层指示的普通员工,但他不能撇清、不能剥离自己与捞尸行动的关系,也不能把自己从照片的客观现实中剥离。王守海不能因为自己在公开场合的作为被曝光,就将矛头指向作为记录事件的记者而不是寻找自身的问题。因此,此次事件符合侵犯名誉权的排除条件,王守海在此次事件中没有受到名誉权的侵犯。

(三)自由辩论

[台长]吴鑫瑶:

好的,我已经听了在座各位的想法,很明显,这边(不侵害组)维护媒体权利,这边(侵害组)维护王守海老人的权利。我想双方一定都对对方的观点抱有疑虑,那么给大家 30 秒的时间整理一下思路,然后进行更进一步的讨论。

30 秒后……

[正方]陈简晴宇:

我仅对你方说的"打捞尸体"属于非法行为提出质疑。就我方调查的,不求助于警察、消防员等政府部门,找捞尸人这样以营利为目的的团队,本身就要支付劳动报酬。

据四川大学法学院教授的分析,渔民打捞遗体的行为属于"无因管理"。"无因管理"指的是在没有法定或者约定义务的情况下,为了避免造成更多的损失,一方主动出面管理他人事务或为他人提供服务。当事件发生后,管理人即主动方,享有向受助人请求偿还因管理事务而产生的必要费用的权利。所以,在法律层面上,渔民主动打捞遗体这一行为并无缺失合法性的问题。

所以,在此次事件中,付出了劳动的渔民有权利要求遗体家属支付打捞费用。至于 3.6 万元的打捞费用是否合理,国浩律师事务所的张律师作了这样的解释:多少的价格是合理的,法律方面并没有相关的认定。所谓"法无禁止即自由",就价格方面而言,双方是可以进行自由协商的。渔民认为 3.6 万元是业内"通价",而死者家属却认为这是"天价",正是双方对打捞费的金额有所差距导致这次冲突的发生。但回到王守海和相关渔民是否涉嫌敲诈一事上,渔民行为并没有构成敲诈,因为其并没有非法故意占有他人财物。若是就从对金额认定不一致将其行为定义为敲诈,对渔民来说绝对是不公平的。

[反方]王月:

我不同意对方所说。首先,这家打捞公司名为荆州八凌打捞公司,根据天眼查上的登记信息,打捞沉船和沉物属于该公司的经营范围,打捞尸体并不属于该范畴。我国《殡葬管理条例》规定,从事打捞工作的单位或人员必须拥有专业的打捞设备和完善的服务资质。显然,该公司并不具备这些条件。其次,打捞和处理遗体必须有民政部门、医院或者公安机关的授权委托,可在此事件中,三个机构都没有相关授权,所以,该公司的"天价捞尸"行为明显是非法经营。

而且,就算拥有合法授权,打捞公司作为受委托方,也不应该自定义收费标准,而应由公安机关判定是否收费或收费多少。这是一种行政事业收费,还要经由物价部门审批,开出行政事业的收费单据,最后由公安机关付给打捞公司相应的费用。因此,荆州八凌打捞公司开天价捞尸费显然是违法的。

[正方 组长]谭清漾:

我打断一下,就你方才提到的打捞尸体要经过警方、监察部门等一系列的审批,请问那具尸体要一直待在水里十几天吗?而且,据我们调查得知,该打捞公司是当地唯一一家合法的民营打捞企业,至于使用铁锹,实在是因为设备有限,难道让尸体在水里待十几天而不去打捞就是最好的选择吗?

[反方]陈泉泰:

不好意思,我打断一下。你方说为了一系列的审查让尸体待在水里是不好的,那请问王守海当时做了什么呢?他并没有把尸体立刻打捞起来,而是让尸体浸泡在水里,还是不作为啊。

[反方]张雅婷:

我承认这则报道的舆论导向有瑕疵,但媒体在报道的第二天就发表了修改声明。

[正方]杨北辰:

可是,舆论对王守海已经造成了非常大的攻击,难道这不是媒体导致的舆论对王守海的攻击吗?

[反方]张雅婷:

的确,舆论是不可控的。媒体尽了最大努力去修正,但不能排除网络上个别网友的极端言行。所以,我认为,在新闻发表之后,舆论的影响是民众的行为,而不是媒体的个体因素。

[正方]陈简晴宇:

请问,你们是把媒体的错误行为直接怪罪到受众吗?

[反方]张雅婷:

媒体只是在客观报道……

[正方]陈简晴宇:

难道不是因为媒体的报道、媒体的舆论误导才导致王守海遭受舆论攻击的吗?

[反方]张雅婷:

媒体只是在完成报道,在错误发生后它也及时修正了。我认为,在这起事件里,媒体只是在正确行使它的权利,正确履行它的义务。

[正方]陈简晴宇：

那我想问,给网友造成这些误导的是不是媒体?

[反方]陈泉泰：

不是!不是媒体。每一个网友都有自己独立思考的能力与权利,使这个事件发酵的不是媒体,而是事件本身。

[正方]张浩：

那我想问,媒体所做的难道就没有影响了吗?我承认媒体的做法是对的,但我们讨论的是挟尸要价是否侵害了王守海的名誉权。这件事一定是侵害了王守海的名誉权的,这件事对王守海、对他的生活、对他的各方面都是有影响的。

[反方]陈姝燃：

好,那我想问,王守海是不是这起事件的参与者?他不是主要参与者,但他至少真正参与了吧,你们觉得王守海应该受到怎样的"惩罚"才算合理呢?你们怎么判断王守海受到了更大的舆论攻击,这个"更大"是不是你们的主观判断呢?

[正方]陈简晴宇：

我们不能因为王守海受到舆论攻击就对他进行审判……

[反方]陈泉泰：

我们没有对他进行审判,审判是法律的事情。媒体只是把这起事件曝光,所有的舆论也不是媒体所能控制的。

[正方]陈简晴宇：

那我想问,媒体认为法律应该作出怎样的"审判"呢?媒体能够代替法律吗?

[反方]陈姝燃：

我认为这则报道拟题为"挟尸要价"而不是"白衣老人挟尸要价",说明记者在主观上只是想报道这起事件,没有想攻击王守海老人。

[正方 组长]谭清漾：

这本是一组图片,记者选这张图片有误导大众之嫌,虽然主观不侵害,可是在客观上还是侵害了。

[反方 组长]肖嘉玲：

但是,他之所以选这张图片只是因为当时王守海老人确实做了这样的动作,而这样的动作更容易让大众理解"挟尸要价"的内容,我认为记者只是想更好地报道这起事件。

[正方]陈简晴宇：

但是,这组图片配上这样的文字难道不是把王守海老人推到一个风口浪尖的位置吗？

[反方]陈姝燃：

我认为记者选这张图片的原因是它能够更直观地表现"挟尸要价"这起事件。

[正方]张涵韵：

所以说,记者为了更快速及时地播报这则新闻,同时为了达到新闻效果,而无法顾及王守海的权利。我们是不是可以这样理解,记者可以为了新闻的时效性而不追求新闻的真相？

[反方]陈姝燃：

对方说记者忽略事情真相,那么请问这件事情的本质是什么？是挟尸要价吧！挟尸要价这件事情是否是客观真实的？当然是。那我们怎么能说记者忽略了事件真相呢？只能说是部分次要信息传播失误。

[正方]张涵韵：

那为什么不给老人打马赛克呢？

[反方]张雅婷：

为什么不打马赛克？需要打马赛克的群体是受害者、犯罪嫌疑人、未成年人和警方,但王守海显然不属于未成年人和警方,也不属于现场的受害者,更不是犯罪嫌疑人,他是事件的执行者,所以不需要给他打马赛克。

(四)双方组长发言,台长总结

[台长]吴鑫瑶：

听完大家的讨论之后,我对大家的观点有了进一步的了解。那么,我想先请两位组长来总结一下自己组的想法,从肖组长开始吧。

[反方 组长]肖嘉玲：

由于年代久远,我们无法还原当时的各类报道。秉着新闻时效性的原则,记者正视事实、如实报道,这就够了。因为新闻的要求是真实的、客观的,对一个人或者事情的描述不应该有倾向性。

我方认为新闻本身是不应该存在道德争议的。而新闻道德并不等同于记者的道德,记者也许违背了自己的道德原则,但绝对没有违背新闻道德。从记者的身份与职责上来看,记者就应该据实报道。而在面对这些涉及死亡的沉重话题时,媒体工作者能做的只是本着负责的态度与方式避免失当报道带来的衍生危害,但当一切避免不了的时候,我们小组选择如实报道、正视现实。所以,我方依旧坚定地认为,王守海的名誉权绝无受到侵害。

[台长]吴鑫瑶:

好的,请谭组长发言。

[正方 组长]谭清漾:

在与对方小组激烈讨论后,我们依旧认为该事件侵犯了王守海的名誉权。

对方组与我们组产生的分歧之一是:王守海这么不人道,曝光他有何不可?当然,记者有报道事实的权利,但媒介素养难道不是媒体人必须具备的吗?大多数人看到的所谓"真相"是从记者报道的图片或文字中得出的结论,所以王守海受到的大部分舆论攻击是由媒体报道产生的,报道的客观和片面程度都会影响大众的判读。

报纸是大众媒介,作为报道者,记者理应考虑受众的文化水平。虽说报道在次日进行了及时修改,但产生的舆论已经难以修正,对王守海的名誉也并没有什么实质性的挽回效果。

王守海并非事件的主谋,却一直承受着过度的网络暴力,真正的老板躲在风口浪尖之后。对于伤害过度的问题,我们的确没有办法用数字进行理性的衡量,但是网络暴力的种种迹象已经明显不合情理。王守海作为一个受到法律保护的公民,我们应该理性考虑该事件对他造成的影响。

作为媒体人,我们虽然理应报道有价值的新闻,但这是以新闻道德为基础的。我们如果一味追求热点和舆论效果,而忽略新闻道德,会对事件的当事人造成伤害。

所以,我们认为"挟尸要价"的确侵犯了王守海的名誉权。希望台长站在理性的角度,考虑一下我们小组的提议,谢谢。

[台长]吴鑫瑶:

好了,听完两位组长的发言,我来总结一下。

首先，作为非法不营利台的台长，我很欣慰大家都能以媒体人的身份对这起事件进行剖析。

其实，今天这个题目，与其说是在讨论"挟尸要价是否侵害了王守海的名誉权"，不如说是在讨论"在如今这个时代，媒体应该如何播报新闻"。

为什么要在这句话之前加"如今这个时代"呢？因为作为媒体行业的一员，我们不得不承认这是一个舆论成本越来越低的时代，几张模糊的照片、几段捕风捉影的文字，就可以轻而易举地在一个无辜的人身上贴上标签。我们也不得不承认这是一个反转新闻层出不穷、媒体信用度降低的时代。在传播方式越来越便捷、传播速度越来越快的时代，真相总是迟来一步。

我相信在座的都是合格的媒体人。我左手边的组，支持不侵害，是因为坚持媒体人应有的专业度和敏锐度。我右手边的组，支持侵害，也不过是在维护媒体人应该有的态度。这是一种什么态度呢？这是一种客观、谨慎、勇于追求真相的态度。而这个态度在如今这样的时代，正因为缺失，而变得可贵。

最后，我希望大家能够通过这次选题会，明确自己作为一个媒体人最可贵的初心！谢谢大家！

[反方]陈泉泰：

台长，那这次的制作权应该给哪个组呢？

[台长]吴鑫瑶：

不好意思，我刚收到消息，我们台由于长期非法不营利而宣告破产。我很开心和大家一起开这次会，在座的未来一定会精彩！散会！

全体起立，谢谢大家！

四、教师总结

本次辩论围绕"挟尸要价"是否侵害了王守海的名誉权而展开。从辩论形式和内容上来说，本次辩论较之传统辩论有一定程度的创新，辩论呈现的整体效果较好，气氛热烈，内容广泛而深刻，是一场让人满意的比赛。

从辩论形式上来说，本次辩论赛采取角色扮演的形式，让小组成员代入电视台内部开选题会的媒体人，每个人都站在一个真正的媒体人的角度去辩论、去探讨。正是这样的身份的加冕，使辩题被拉至新闻道德和新闻价值之间，让辩论有了更高的立意,也让最终的呈现更为深入与精彩。同时,这种角色扮演的形式也为本次辩论增添了些许幽默与趣味。

而在内容上,辩手们发散思维,挖掘了很多信息。无论是从王守海老人的角度,还是专业的律师角度,辩手们都有所涉及,使辩论内容更为丰富,多层次、多角度地向观众阐述了自己对辩题的看法与思考。

总而言之,真正的辩论是没有正确答案、不设标准、不计对错的探讨,而这也是本次辩论没有选出"选题制作权"归属小组的原因。

最后,我再谈谈这次辩论的一些不足之处。关于道具,廉价泡沫板制成的名牌、海报,或多或少地影响了整场辩论的观感。关于赛制,同学们还是没有下足功夫,没有更多的创新,使用的还是正反方依次辩论的方式。希望下一次的辩论可以有更新的尝试与突破。

辩题二:人肉搜索是网络侵权还是网民正义?

一、辩论形式

此次辩论采用传统辩论赛制。

二、辩论基本流程

(一)主持人致辞

主持人介绍辩题的相关背景资料;正反方队伍进行自我介绍;主持人简单介绍辩论流程。

(二)具体流程

1.正反方对辩

正方一辩发言;

反方一辩发言;

正方二辩发言；

反方二辩发言；

正方三辩发言；

反方三辩发言；

正方四辩发言；

反方四辩发言。

2.自由辩论

正反方辩手轮流发言。

3.总结陈词

反方四辩总结陈词。

正方四辩总结陈词。

(三) 主持人总结

主持人根据辩论情况进行点评总结。

三、辩论详情

(一) 主持人介绍双方队伍和辩题

主持人介绍双方队伍(略)。辩题：人肉搜索是网络侵权还是网民正义？

正方：人肉搜索是网络侵权。反方：人肉搜索是网民正义。图7.3为辩论现场。

图7.3 辩论现场

(二)正反方对辩

[正方 一辩]：

主持人、各位观众、反方辩手,你们好!我是正方一辩,我不知道大家要想了解一个人会通过什么方式?大家会不会通过网络去搜索你想要知道的那个人?大家在网络上搜索的这个行为算人肉搜索吗?大家对于人肉搜索这个行为是怎么判定的?之前,南昌大学50名女学生的姓名、手机等私人信息被放到网上,这显然侵犯了她们的隐私权。对于韩国的崔雪莉,我们有没有想过她为何会患上严重的抑郁症以致自杀呢?为何会有网友偷拍并将她的隐私视频上传到网络上呢,这难道不是侵犯了她的隐私权吗?

网络是一个相对自由的空间,可一旦超越法律的界限,就会变成多数人的"暴政",多数人的道理就成了"真理"。很多人在面对自己感兴趣的事情时,往往会想了解更多,这就使得人肉搜索常常造成误伤。有的网民缺乏网络素养,不知道在网络上如何正确表达,对于某一件事或者某一话题缺乏理性的思考和判断,举着道德的大旗去做泄露他人隐私的违法行为,这是缺乏理性的表现。

从道德层面上来讲,网民是不适合使用人肉搜索的,因为人肉搜索涉及的个人隐私较多,即使你是行使"网民正义",但也可能触碰法律的底线。如果连法律都禁止它存在的话,那么它的社会破坏性是显而易见的。既然已经违法了,那又何来网民正义呢?

在网络上,我们的言论自由是以法律为基础的。虽然人肉搜索能够在最短的时间内揭露某件事,甚至到达法律无法到达的地方,但是在进行人肉搜索的第一步时,你就已经触犯了道德和法律的底线。因此,于道德和法律而言,人肉搜索都是不合理的,所以我方坚持认为人肉搜索是网络侵权。

[反方 一辩]：

老师、同学们、主持人,大家下午好!

人肉搜索是基于人工方式,借助网络的力量去查找信息的一种方式,它的本质和机器搜索,如百度搜索、搜狗搜索差不多,只是更加强调搜索过程中的互动和人的参与。我们基于一种正确的方式,怀着一个正确的目的利用人肉搜索就是网民正义。

我要反驳对方一辩所说的,人肉搜索的方式侵犯了隐私权。首先,什么是侵犯隐私权?我们来看一看它的定义:侵扰他人私生活,公开他人隐私的行为。而人肉搜索只是集合众人的力量去查找某些信息,我们并没有在现实生活中去骚扰他人,而对方所指的可能是那些在现实生活中攻击他人的网络暴民,这不属于我们讨论的范畴。请对方辩友不要以偏概全。至于公开他人隐私这一点,我们可以从当事人的微博、朋友圈等社交网络中查找某人的信息,不存在公开隐私的行为,所以对方说的这一点完全是悖论。

人肉搜索是需要规范和把握尺度的一个行为,但本质上是一种网络正义的行为。我们举一个很简单的例子:李子吃多了,你不能怪李子,只能怪你吃多了。

人肉搜索为什么是网民正义呢?因为在现实生活中可能发生一些不道德的事情,这些事情是警察无暇顾及、法律无法解决或者是法律解决暂时有困难的,这时候就需要借助群众的力量。比如虐猫事件,虐猫肯定是一个不道德的、需要被谴责的行为,因为猫也是一条生命。但相比于强奸等恶性案件,虐猫上升不到法律层面,假如警方处理得不及时,而网民也漠然视之,那么社会是不是会形成一种共识,认为虐猫是可以被接受的?会不会有更多的人去效仿这种行为呢?

这时候就需要聚集网民的力量,对这种行为(虐猫)起到一种震慑作用。所以说,人肉搜索是"第二法庭",也是网民行使道德监督权和批评权的重要途径。

综上,我方坚持认为人肉搜索是一种网民正义。

[正方 二辩]:

互联网发展到今天,人肉搜索的门槛越来越低了,进行人肉搜索的方式也变得多样化。其中,不得不提的一个东西叫作"社工库"。社工库是网民进行人肉搜索的必经之路,它是一个非常强大的数据资料库,里面包含大量的个人信息,包括密码、照片、购物记录、医院诊断等。当然,它的存在是违法的,国家明令禁止使用。因此,无论网民出于何种目的去进行人肉搜索,都已经触犯了法律,侵犯了个人的权利。

人肉搜索具有强大的放大功能,当当事人和具有消极影响的事件联系到一起时,他的品德、信用、名声等都会有明显的下降,这就严重地侵犯了当事人的名誉权。而且在不明真相的情况下,许多网民会因为片面的视频和文字发表过激言论来污蔑当事人,这有可能构成诽谤。

例如，广东陆丰的一位少女因被怀疑偷了一件衣服，而被上传了配有"穿花衣服的是小偷"文字的视频。这导致该少女被人肉搜索甚至遭受了大量网民的辱骂，最终少女因无法忍受污名而选择自杀。但真相是少女根本不是小偷，少女在还未被法律定罪时就遭到了"非人"的精神摧残与人身攻击，难道这就是你们所说的"网民正义"吗？你们这是打着对公权监督的名义而实施私刑。

罗兰夫人在受刑前说过一句话："自由啊，有多少罪恶是假借你的名义做出来的！"换个主语就是我对人肉搜索的看法："正义啊，有多少罪恶是假你的名义做出来的。"

因此，我方认为人肉搜索是网络侵权。

[反方 二辩]：

首先，人肉搜索是非常多元化的，你可以通过图片、音频、视频等形式来搜索想要的答案，如知乎、贴吧等都是非常方便的信息获取渠道。在这些平台，会有四面八方的网友用自己的知识来为我们解答问题，达到众人拾柴火焰高的效果。这种方法让人们更好地发布和获取信息，一方面满足了人们对于信息的需求，另一方面扩展了人们对于未知事物的知识面，让我们更好地了解和认识世界。

其次，互动性也是人肉搜索的一大特点。它能将一件琐碎小事大众化，在非常短的时间内使其进入大众的视线，扩大信息的传播范围。与此同时，凭借网络传播速度快的特点，人肉搜索不仅可以让违背道德伦理的行为被曝光，并在大众的谴责下得到遏制，而且可以更好地维护健康个人的安全与权利，可谓一举两得。

有这么几句打油诗：咱们网民有力量，一石能激千层浪；道德底线莫逾越，否则天涯无处藏；人肉搜搜转，三天逮回乡；痛哭流涕晚，只恨当初犯。人肉搜索不仅使社会资源得到了有效利用，还更好地促进了社会的公平正义。

[正方 三辩]：

就像反方辩友说的，也许大部分人肉搜索的确是出于维护正义的初衷，但是你们能断定，你们所谓的"正义"就是真的正义吗？

之前有一个帖子说，江西6岁的小女孩被后妈虐待，很多网友指责后妈禽兽不如，还说她是"史上最毒后妈"。在这个事件中，网民几乎一边倒地谴责这个后妈，一些网民甚至通过人肉搜索的方式找到了她的手机号、家庭住址，并把它们公布在网上，对当事人及其家人进行无休止的骚扰和羞辱。然而，警方调查发现，小女孩是自己摔伤的,后妈根本没有虐待过小女孩,这是一场没钱治病引发的炒作。网络是虚拟的,但伤害却是真实的,由于人肉搜索和网络暴力带来的精神与身体上的压力,这个后妈几次想要自杀。但是,她又做错了什么呢?什么也没做错,人肉搜索带来的伤害应该由谁来负责呢?

不可否认,人肉搜索在某些情况下尚有可取之处。但如今,人肉搜索在绝大多数事件中弊大于利。从搜索的深度和舆论的导向来说,人肉搜索是不容易控制的,没有人能明确告诉我们哪些信息是可以搜索的、哪些是违法的。同样,对于舆论,星星之火可以燎原,当一点火星点燃一片草原的时候,后续的发展就不是那么容易控制了。

另外,我们和被人肉的当事人非亲非故,我们看到的只是我们能看到的部分,或者是我们想看到的部分。我们不是当事人,不清楚他的为人,不知道他在现实生活中的所作所为,所以我们有什么资格和权利去随意评价他呢?

我们从正义出发进行人肉搜索,这没有错。但是,当我们打着正义的旗号,在不了解真相的情况下伤害他人的时候,就侵犯了他人的权益。当我们触犯法律的时候,就不能用道德伦理的标准去衡量了。

人肉搜索有可取之处,但它也是一种极其不容易被控制的手段,因为网络舆论往往是不可控的。在大部分人肉搜索的事件中,当事人因为某些所谓"违背社会道德"的行为被广大网民抨击谴责,而真正触犯法律的人却成了所谓"维护正义"的好汉。如果说被搜索的人和发动搜索的人都触犯了法律,那么谁都没有资格充当审判者。

综上,我方坚持认为人肉搜索是网络侵权。

[反方 三辩]:

人有七情六欲,人肉搜索是通过人与人之间的互动来进行的,而这就不可避免地掺杂人的情感。比如,我对你有恶意,我就会选择说你的一些负面消息,我可以不歪曲事实,而抓住你的性格缺点来说事,但这并不代表我侵权。

言论自由权和名誉权冲突的边界就在于是否达到侮辱诽谤的程度,比如,对他人的名誉造成了非常严重的贬损。因此,人肉搜索只是一个工具,它的存在本身并没有恶意。

随着互联网产业的飞速发展,在座的各位都是网上冲浪的高手,深谙各种网络搜索之道。我们的衣食住行都离不开搜索,在我看来,在网上,人人平等,人人参与,信息共享,人人都可以当福尔摩斯。

所以,我方认为人肉搜索在维护道德秩序方面发挥了巨大的作用,它的存在有其合理性,体现了公民对知情权、参政权、表达权等基本权利以及对理想社会秩序的诉求。它是人们在这个信息庞杂的数字化时代,对公平和正义的渴望、对传统道德的呼唤。我们呼唤自由民主、公平正义,而人肉搜索正是基于网民的平等参与,以自由民主的方式去践行公平正义。

[正方 四辩]:

人肉搜索是一种网络上的从众行为,具有传染性。本来与事件无关的网民,在互联网的便利下连接到一起。平时在日常生活中遵纪守法的好公民,在缺少现实束缚的情况下,就轻而易举地说出当事人的隐私。想象一下,只因为身边的人认识我们,我们就不知不觉地在虚拟世界中被人从背后捅一刀,这是非常恐怖的。人肉搜索的传染性很强,很容易形成"多数人的暴政",有变成网络暴力的潜质。

在网络世界里,隔人千里如隔纱。对于网民来说,一句话也许影响不了自己,只是一句多嘴的话罢了,但对当事人来说,千千万万句言语足以改变他的人生轨迹。

另外,人肉搜索可能会扭曲事件的本质。例如,在电影《搜索》中,都市白领叶蓝秋因为公交车上不让座,引发了蝴蝶效应般的人肉搜索和网络暴力,以致最终被逼到生活的死角。再如,重庆公交车坠江事件中的女司机,因为网友信息来源的缺失,成了事件的替罪羊。人们在不明真相的情况下对她进行人肉搜索,严重破坏了她的生活。在这种情况下,一开始只是想协助破案的网民,后来却变成了影响社会舆论、影响事件走向的"帮凶"。

不可否认,人肉搜索的大部分出发点是向善的,但是当人肉搜索的群体扩大以后,很难保证所有人都保持向善的心理。人肉搜索具有随机性,大多数网民不善于推理,却又急于行动。当道德成为借口、正义成为武器的时候,人肉搜索就向着正义的反方向前进了。

所以,人肉搜索是网络侵权。

[反方 四辩]:

在探讨人肉搜索这一问题时,我们必须回归到其本质与初衷。人肉搜索并非

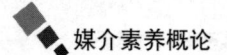

天然的网络侵权行为,相反,它在诸多场景中展现出网民正义的强大力量。当社会中出现危害公共利益、践踏公序良俗的事件,比如恶意逃票扰乱公共交通秩序者、制假售假损害消费者健康者,或是网络上肆意传播谣言的不良分子,人肉搜索便成为公民自发维护社会公平正义的有力工具。

网民通过信息共享与整合,揭露不法行为与失德现象,让隐藏在网络背后或现实暗处的不良行为人无处遁形,推动事件得到公正处理。这一过程,是公民自觉履行社会责任、主动捍卫社会道德底线与法律尊严的体现,彰显着民众对正义的强烈追求和守护社会秩序的责任感。将这样充满正义感的集体行动简单归结为网络侵权,不仅忽视了其对社会正向的积极意义,更是对无数秉持正义之心、为维护社会公平而努力的网民的误解与不公。所以,人肉搜索在大多数情形下,是网民正义的生动实践,而非简单的网络侵权行为。

[主持人]:

在刚刚的对辩过程中,我注意到正反方辩友都以各自的观点为基础,解释了人肉搜索的定义,它是区别于机器搜索的另一种搜索方式。类似百度这样的搜索引擎属于机器搜索,机器搜索的一个特点是不人性化。而我们这里所提到的人肉搜索恰恰是过于人性化。大家都知道众口难调,过于人性化的东西反而更容易滋生问题。

今天的辩题是一个难题,人肉搜索到底是网络侵权还是网民正义呢?这就要看今天哪方的观点更能说服我们了。下面,我们进入自由辩论环节,各队限时3分钟,反方先开始!

(三)自由辩论

[反方]:

对方辩友您好!根据你们之前所说的观点,你方对于人肉搜索,自始至终都存在着很大的误解,包括对于正义的定义。我方提到的搜索是为了推动整个事件的发展,从而带来更大的社会影响力。可以说,人肉搜索的出现在一定程度上让事件产生了不一样的发展和变化。

[正方]:

对方辩友您好!您提到的推动事件发展的搜索,在网民素质高低不一的情况下,弊肯定是大于利的。因为这是一个不可控的行为,我们不能说它的存在是合法的。

所以,我方坚持认为人肉搜索是不可为的非法行为。我想请问对方辩友,广东陆丰被怀疑偷东西而自杀的少女,她的损失该如何得到弥补?

[反方]:

这件事情已真相大白,况且女生本身也有问题。对方辩友不必在这个问题上大做文章。你刚刚说,在人肉搜索推动事件的发展时,弊肯定大于利,这样的说法难道不是断章取义、过于绝对吗?你不能否认,大多数人只是单纯地探求真相罢了。我想请问对方辩友,难道为了避免误伤,网民就不能去探寻真相了吗?

[正方]:

对方辩友这种求真的态度十分宝贵,但是我方之前也强调过,人肉搜索是存在一定暴力性的网络行为。我们并不否认人肉搜索的优势,但坚定地认为不可以放任其肆意扩散,就像校园暴力需要校纪校规来管制一样,难道人肉搜索不应该受到合理的管控吗?

进一步说,对方辩友觉得参与人肉搜索的网民只是想追求真相,那么他们有没有考虑到人肉搜索可能造成的后果呢?有什么措施可以有效挽回其造成的严重后果吗?你们又如何保证在鱼龙混杂的网络中每个人都是理智的,而不是居心叵测的呢?

[反方]:

搜索这件事情本身就是不带感情色彩的,因此没有不理智一说。所有带有感情色彩的都是"评论",而不是"搜索",搜索只是手段,评论才存在谩骂,才会形成网络暴力。在这样的事件中,每个人都应该理智运用手段,而不是盲目跟风站队。在此辩题之下,人肉搜索正是网民正义。

[正方]:

没错,搜索是手段,但人肉搜索不是,已经被列入违法行为的人肉搜索是不理智的。这些所谓的手段给人肉搜索披上了一层网络正义的外衣,掩盖了其违法的本质,为网民提供了一个谩骂的渠道。这种渠道让网民的主观化越来越明显,进而形成网络暴力。所以,对方辩友将人肉搜索与网络正义对等,是否太过于草率?

[反方]:

对方辩友说我方将人肉搜索与网民正义对等,这完全是在曲解我方的观点。网络是一个信息咨询平台,给大家提供信息,让大家共享信息。"人肉搜索"就是网络的一大特色,它可以揭露社会的黑暗。比如,人肉搜索可以披露恶意欠债人的基本信息,在法律无法到达的角落维护社会公德,这难道不是正义之举吗?

[正方]:

我方认同网络是一个信息咨询平台,但我方认为人肉搜索已经背离了信息咨询的概念,因为人肉搜索的核心是寻找当事人未主动公开的隐私信息。至于对方提到的人肉搜索可以消灭黑暗、发扬正义,我不得不说,这和我印象里的人肉搜索的效果是截然不同的。请大家回想一下相关新闻,有多少恶人因人肉搜索受到了相应的惩罚,又有多少好人被污名化、被冤枉呢?即使恶人受到了惩罚,这也是背离程序正义后侥幸获得的结果正义,我们要如何保证这样的正义在每起事件中都能发生呢?

[反方]:

对方辩友既然意图通过相关新闻佐证自己的说法,那么对方辩友能列举相关新闻吗?我也可以说,在我的印象里,人肉搜索的结果就是恶人受惩罚比好人被污蔑要多。对于公平而言,最重要的永远是结果正义,其次才是程序正义。

最后,我回答一下对方辩友的问题,这种正义的保障就是人民永远秉持对犯罪零容忍的态度,永远路见不平拔刀相助,永远追求正义。

[正方]:

根据对方辩友的描述,人肉搜索就像是一个"天使",能在最短的时间内揭示真相,虽然看上去恐怖但实际很正义。但是,绝大多数的社会现象具有正功能与负功能,人肉搜索常常超越合理的界限甚至向私刑的方向发展,这就会伤害当事人、激化矛盾。

我们不能简单地将人肉搜索归结为"天使"或者"魔鬼"。我们应该尽快建立网络规范,为实现网络社会的和谐发展提供制度保障。所以,对方辩友不能光说人肉搜索可以带来正面影响。

(四)双方总结陈词

[主持人]:

自由辩论结束,现在由正反方四辩依次总结己方观点。

[正方 四辩]:

我方坚持认为人肉搜索是网络侵权。

首先,人肉搜索在执行一系列所谓的"正义"举动之前,在法律层面上就是违法的。网民在用正义评判事件之前,首先要明白道德是法律的底线。虽然网络有法律无法顾及的地方,但是网民必须在遵守法律的前提下行事,突破了底线的道德,何来正义可言?

其次,互联网和人肉搜索的特点决定了人肉搜索的放大功能。由于信息获取不完整,网民有可能会片面地放大某一个事件的侧面,导致当事人的名誉权受到损害,甚至连正常生活都受到影响。不实的消息散播到网络上,就是对当事人的诽谤,这是非法行为。传谣简单辟谣难,人肉搜索造成的种种后果是无法逆转的。

再次,人们认为的"正义"不一定是真正的正义,人们不能凭借有限的方法和信息来源对一件复杂的事情下定论。世界并不是非黑即白的。当正义变成私刑,即便最后真相反转,造成的后果也是无法逆转的。大部分人肉搜索或许出自善良的初衷,但是在网络上,人的束缚大大减少,这就增加了"多数人的暴政"的可能性。

最后,当事人的行为和网民所坚持的正义无关。遭受网络侵权的人不一定是清白的,他们也许有错,但我们不希望他们过得潦倒,不希望他们从社会上消失。道德律己不律人,扭曲的价值观不是支持网络侵权的理由。

综上,我方认为,人肉搜索是网络侵权。

[反方 四辩]:

首先,我非常赞同对方辩友的部分观点,有时人肉搜索的确会出现弊端,但是我们不能一棍子打死一群人。人肉搜索作为一个提供信息的渠道,不能成为人们不恰当行为的替罪羊。

其次,我国大多数网民是受过教育的人,大多能够分辨事物的是非黑白,中国网民并不是一群极具偷窥欲的乌合之众。但是,我国人口基数实在太大,无法完全避免不正确行为的存在,黑暗面无论在哪个时代、哪个社会都是存在的。我们唯一要做的,就是约束自己的行为,尽量不违背自己的道德底线。

再次,我们承认,在当今社会,人肉搜索普遍存在,侵权状况也不时发生。但对于目前网络社会产生的问题,我国已经进一步完善法律法规,稳步推进网络实名制。同时,我国网民也在努力营造一个和谐美好的网络社会。

最后,我想送给大家一句话,路漫漫其修远兮,吾将上下而求索。在伸张正义的这条道路上,我们可能还要跨过重重险阻。然而,值得庆幸的是,我们将保持一颗勇于求索的心。

(五)主持人总结

首先,网民进行人肉搜索,无非是想对看似善良的人报以正义,对看似可恶的人报以惩戒。但是,不管说再多,在不经本人同意的情况下,大范围曝光明确的私人信息是侵权的。对一个做好事不留名的人进行人肉传播,人家不会感激你,说不定还要告你。对一个犯了法、犯了错的人进行人肉搜索,或许可以协助警察办案,但大肆地宣扬这些信息,并成群结队地骚扰他的亲人朋友是没有必要的。

其次,说到正义,你有法律公正吗?谈到惩戒,你有法律威严吗?我们为什么不能通过正规的法律途径来为受害者讨回公道,让施暴者付出代价呢?我们为什么要用人肉搜索这种容易引发网络暴力的行为去切断一个误入歧途的人走上正途的通道,去伤害许多无辜善良的人呢?难道只是因为这样能给所谓"正义"的网民带来一丝惩奸除恶的快感吗?

最后,希望大家在繁杂的网络世界也能抱有善良的初心,不要人云亦云,不要让一些可以帮助大家的工具成为毁掉人们幸福的罪恶之源。

本场辩论到这里就全部结束了,我相信大家对今天的辩论结果已经有了决断。或许我们还不能从根本上说明人肉搜索到底是网络侵权还是网民正义,但是我们可以对本场辩论中正反方辩友的表现作出评判。

四、教师总结

本场辩论总体来说非常精彩。

(一)双方辩手你来我往,针尖对麦芒

就人肉搜索这一辩题,双方站在自己的立场上分别陈述,观点明确且都具有一

定的逻辑性,大家都在前期进行了充分的准备,保证了本场辩论的质量。

(二)辩论流程平稳,但形式设计缺乏创新

本场辩论采用较为经典的传统辩论方式,首先由正反方轮流对辩,然后自由辩论,最后总结陈词,这样的流程比较常规。本场辩论虽说比较完整,但没有让观众眼前一亮,没有让观众更有兴趣地参与其中。这是本场辩论的遗憾之处。

总体来说,"人肉搜索"有以下三点社会性功能:第一,它能揭露社会上存在的不道德现象,使人们更好地受到社会舆论的监督与制约;第二,数以亿计的网民能够从中意识到"人言可畏",从而更好地规范和正视自己的言行;第三,人肉搜索可以弘扬社会生活中的公平与正义。

然而,凡事都有两面性,人肉搜索也不例外,我们不能忽视其社会负面影响。首先,挖掘他人私密信息并在网络上随意散布,是严重违反道德底线甚至法律的侵权行为。其次,人肉搜索与网络暴力只有一墙之隔,如果滥用,便会造成不可逆转的损害,对社会的公平公正造成严重的打击。最后,人肉搜索很有可能给别有用心的人以可乘之机,成为攻击他人的工具。所以,我们应发挥"人肉搜索"的社会正功能,采取一定的措施,有效抑制其可能产生的社会负功能。

通过这次辩论,相信大家都对人肉搜索有了更多的了解。希望大家在未来的发展中,能更加准确地在法律范围内维护社会的公平正义!

参考文献

一、著作类

德波.景观社会[M].王昭凤,译.南京:南京大学出版社,2006.

朗格.情感与形式[M].刘大基,傅志强,周发祥,译.北京:中国社会科学出版社,1986.

伊尼斯.传播的偏向[M].何道宽,译.北京:中国人民大学出版社,2003.

兰德曼.哲学人类学[M].阎嘉,译.贵阳:贵州人民出版社,2006.

施拉姆,波特.传播学概论[M].陈亮,周立方,李启,译.北京:新华出版社,1984.

凯尔纳.媒介奇观:当代美国社会文化透视[M].史安斌,译.北京:清华大学出版社,2003.

闵大洪.数字传媒概要[M].上海:复旦大学出版社,2003.

柏格森.创造进化论[M].姜志辉,译.北京:商务印书馆,2004.

林语堂.说话的艺术[M].西安:陕西师范大学出版社,2009.

麦克卢汉.理解媒介:论人的延伸[M].何道宽,译.北京:商务印书馆,2000.

菲德勒.媒介形态变化[M].明安香,译.北京:华夏出版社,2000.

波斯特.第二媒介时代[M].范静哗,译.南京:南京大学出版社,2001.

卜卫.大众媒介对儿童的影响[M].北京:新华出版社,2002.

莫利,罗宾斯.认同的空间:全球媒介、电子世界景观与文化边界[M].司艳,译.南京:南京大学出版社,2001.

郭庆光.传播学教程[M].北京:中国人民大学出版社,1999.

胡正荣.传播学总论[M].北京:北京广播学院出版社,1997.

莫利.传媒、现代性和科技:"新"的地理学[M].郭大为,常怡如,徐春昕,译.北京:中国传媒大学出版社,2010.

杜骏飞.弥漫的传播[M].北京:中国社会科学出版社,2002.

曾耀农.艺术与传播[M].北京:清华大学出版社,2007.

张国良,黄芝晓.信息化进程中的传媒教育与研究[M].上海:复旦大学出版社,2003.

伊尼斯.帝国与传播[M].何道宽,译.北京:中国人民大学出版社,2003.

彭吉象.影视美学[M].北京:北京大学出版社,2002.

金开诚.文艺心理学论稿[M].北京:北京大学出版社.1982.

程孟辉.现代西方美学[M].北京:人民美术出版社,2001.

奥尼尔.身体形态:现代社会的五种身体[M].张旭春,译.沈阳:春风文艺出版社,1999.

詹姆逊.文化转向[M].胡亚敏,译.北京:中国社会科学出版社,2000.

詹姆逊.后现代主义与文化理论[M].唐小兵,译.西安:陕西师范大学出版社,1987.

韦尔施.重构美学[M].陆扬,张岩冰,译.上海:上海译文出版社,2002.

米尔佐夫.视觉文化导论[M].倪伟,译.南京:江苏人民出版社,2006.

哈维.后现代的状况:对文化变迁之缘起的探究[M].阎嘉,译.北京:商务印书馆,2003.

马尔库塞.单向度的人:发达工业社会意识形态研究[M].张峰,译.重庆:重庆出版社,1988.

豪厄尔斯.视觉文化[M].葛红兵,等译.桂林:广西师范大学出版社,2007.

波斯特.信息方式:后结构主义与社会语境[M].范静晔,译.北京:商务印书馆,2000.

博德里亚尔.完美的罪行[M].王为民,译.北京:商务印书馆,2000.

波德里亚.消费社会[M].刘成富,全志钢,译.南京:南京大学出版社,2000.

康纳.后现代主义文化:当代理论导引[M].严忠志,译.北京:商务印书馆,2002.

王岳川.艺术本体论[M].北京:中国社会科学出版社,2005.

波兹曼.技术垄断:文化向技术投降[M].何道宽,译.北京:北京大学出版社,2007.

本雅明.迎向灵光消逝的年代[M].许绮玲,林志明,译.桂林:广西师范大学出版社,2004.

本雅明.机械复制时代的艺术作品[M].王才勇,译.北京:中国城市出版社,2002.

陆扬,王毅.大众文化与传媒[M].上海:上海三联书店,2000.

宫淑红,张洁.媒介素养教育理论与实践[M].济南:山东人民出版社,2010.

巴拉兹.电影美学[M].何力,译.北京:中国电影出版社,1982.

阿伯克龙比.电视与社会[M].张永喜,鲍贵,陈光明,译.南京:南京大学出版社,2001.

麦克奎恩.理解电视[M].苗棣,赵长军,李黎丹,译.北京:华夏出版社,2003.

高鑫.电视艺术美学[M].北京:文化艺术出版社,2005.

胡智锋.电视传播艺术学[M].北京:北京大学出版社,2004.

胡智锋.会诊中国电视[M].北京:文化艺术出版社,2005.

李良荣,钟怡.互联网新闻制作[M].上海:复旦大学出版社,2020.

黄鸣奋.新媒体与西方数码艺术理论[M].上海:学林出版社,2009.

蒋晓丽.传媒文化与媒介研究(上)[M].成都:四川大学出版社,2007.

蒋晓丽.传媒文化与媒介影响研究(下)[M].成都:四川大学出版社,2009.

童芳.新媒体艺术[M].南京:东南大学出版社,2006.

尼葛洛庞帝.数字化生存[M].胡泳,范海燕,译.海口:海南出版社,1996.

贾秀清,栗文清,姜娟.重构美学:数字媒体艺术本性[M].北京:中国广播电视出版社,2006.

格劳.虚拟艺术[M].陈玲,主译.北京:清华大学出版社,2007.

黄鸣奋.电脑艺术学[M].上海:学林出版社,1998.

黄鸣奋.网络媒体与艺术发展[M].厦门:厦门大学出版社,2004.

黄鸣奋.数码艺术学[M].上海:学林出版社,2004.

熊澄宇.新媒介与创新思维[M].北京:清华大学出版社,2001.

德克霍夫.文化肌肤:真实社会的电子克隆[M].汪冰,译.保定:河北大学出版社,1998.

段伟文.网络空间的伦理反思[M].南京.江苏人民出版社,2002.

艾尔雅维茨.图像时代[M].胡菊兰,张云鹏,译.长春:吉林人民出版社,2003.

汪成为,祁颂平.灵境漫话:虚拟技术演义[M].北京:清华大学出版社,1996.

王利敏,吴学夫.数字化与现代艺术[M].北京:中国广播电视出版社,2006.

王贞子.数字媒体叙事研究[M].北京:中国传媒大学出版社,2012.

卡斯蒂.虚实世界:计算机仿真如何改变科学的疆域[M].王千祥,权利宁,译.上海:上海科技教育出版社,1998.

王强.网络艺术的可能:现代科技革命与艺术的变革[M].广州:广东教育出版社,2001.

勒庞.乌合之众[M].冯克利,译.北京:中央编译出版社,2000.

波兹曼.娱乐至死[M].章艳,译.桂林:广西师范大学出版社,2004.

费瑟斯通.消费文化与后现代主义[M].刘精明,译.南京:译林出版社,2000.

权英卓,王迟.互动艺术新视听[M].北京:中国轻工业出版社,2007.

莫斯可.数字化崇拜:迷思、权力与赛博空间[M].黄典林,译.北京:北京大学出版社,2010.

卡斯特.网络社会的崛起[M].夏铸九,王志弘,等译.北京:社会科学文献出版社,2001.

莱文森.新新媒介[M].何道宽,译.上海:复旦大学出版社,2011.

莱文森.软利器[M].何道宽,译.上海:复旦大学出版社,2011.

舍普.技术帝国[M].刘莉,译.北京:生活·读书·新知三联书店,1999.

李四达.数字媒体艺术概论[M].北京:清华大学出版社,2006.

汪成为,高文,王行仁.灵境(虚拟现实)技术的理论、实现及应用[M].北京:清华大学出版社,南宁:广西科学技术出版社,1996.

米切尔.比特之城:空间·场所·信息高速公路[M].范海燕,胡泳,译.北京:生活·读书·新知三联书店,1999.

胡泳.另类空间:网络胡话之一[M].北京:海洋出版社,1999.

刘惠芬.数字媒体传播基础[M].北京:清华大学出版社,2000.

杜骏飞.网络新闻学[M].北京:中国广播电视出版社,2005.

吕巧平.媒介化生存:中国青年媒体素质研究[M].北京:中国传媒大学出版

社,2007.

二、论文类

卜卫.论媒介教育的意义、内容和方法[J].现代传播,1997(1).

巴查尔格特.媒介素养与媒介[J].张开,译.现代传播(中国传媒大学学报),2005(2).

帕金翰,宋小卫.英国的媒介素养教育:超越保护主义[J].新闻与传播研究,2000(2).

廖峰.解读加拿大媒体素养教育发展历程[J].湖北广播电视大学学报,2007(3).

魏佳.数字时代艺术创作主体重构探究[J].新闻爱好者.2015(4).

王莲华.新媒体时代大学生媒介素养问题思考[J].上海师范大学学报(哲学社会科学版),2012(3).

张玲.媒介素养教育:一个亟待研究与发展的领域[J].现代传播(中国传媒大学学报),2004(4).

蔡骐,黄瑶瑛.新媒体传播与受众参与式文化的发展[J].新闻记者,2011(8).

古明惠.重视民众的媒介素养教育[J].新闻爱好者,2004(10).

胡莹,项国雄.传者素养:媒介素养教育的根本[J].传媒观察,2005(8).

张开.媒介素养理论框架下的受众研究新论[J].现代传播(中国传媒大学学报),2018(2).

魏佳.新媒体环境下媒介素养教育的途径[J].现代传播(中国传媒大学学报),2010(6).

顾斌.媒介素养教育的多维视野[J].当代传播,2006(3).

张开.媒介素养理论框架下的受众研究新论[J].现代传播(中国传媒大学学报),2018(2).

卢峰.媒介素养之塔:新媒体技术影响下的媒介素养构成[J].国际新闻界,2015(4).

吴灏鑫,牛伟.重新认识主流媒体在新媒体平台的"把关"角色[J].新闻与写作,2018(6).

周葆华,陆晔.中国公众媒介知识水平及其影响因素:对媒介素养一个重要维度的实证分析[J].新闻记者,2009(5).

张志安,沈国麟.媒介素养:一个亟待重视的全民教育课题:对中国大陆媒介素养研究的回顾和简评[J].新闻记者,2004(5).

后 记

麦克卢汉说过,人类历史其实也是一部媒介形态发展史。媒介的变化与世界的发展紧密相连,而媒介变化背后的成因非常复杂,对整个社会的影响极其深远。近二十年,移动互联网从2G发展到5G,随之带来的媒介方面的变化也让我们目不暇接。在这千变万化的媒介形态演变中,我们越来越感觉到媒介素养是一项需要长期学习的课程,不仅在学校,更多的是在社会。

在2021年中央电视台3·15晚会上,有多个新闻曝光与媒介素养有着密切关系。第一,"谁在偷我的脸"。看起来触目惊心的标题告诉我们今天的监控摄像头无处不在,有些智能化的摄像头会偷偷将拍下的人脸编码绘制成信息。人脸识别在今天早已被广泛运用,人脸信息专属个人的生物识别信息,一旦被商家买卖利用,会严重威胁个人隐私、财产安全等。第二,"老人手机里的安全陷阱"。一些手机上的提示信息,明里叫"手机清理大师"或"内存优化大师",暗里却在机主不明真相点击清理后偷取手机里的个人信息,根据信息给机主画像,再精准投放低俗、恶劣广告,从而欺骗消费者,这类消费者以老人居多。第三,"搜索之病"。一些病人喜好利用搜索引擎在互联网寻找治病之道,没想到却着了搜索引擎之道,相信其推荐的某某大师,结果上当受骗。

在这些案例中,我们看到了多种媒介的身影,摄像头、搜索引擎、手机等都是生活中的新媒介,也是移动互联网、智能科技发展的新兴产物。在这样的新媒介面前,不仅是对媒介本就不熟悉的老人,许多年轻人也走入了某些群体设置的媒介陷阱,所以说,媒介素养教育需长期进行。

简要罗列几条媒介素养教育的基本点:(1)完善人的媒介知识结构。学校、社会需要通过一定的途径向人们传递关于媒介的基本知识、运作方式、文化理念等。(2)培养人的媒介批判能力。人类应该始终对媒介,尤其是新兴媒介保持一定的距离,学会用批判、审视的眼光对待它,不沉溺媒介,不能成为媒介的奴隶。(3)提升媒介伦理知识。后人类时代已经到来,很多场景机器可以代替人类完成工作,而人工智能、大数据等在解放人类、便捷生活的同时,也带来信息冗余、伦理失范、秩序混乱等负面效用,加强媒介伦理、规范技术人文成为迫在眉睫的工作。

在本书的研究过程中,很多硕士研究生也参与了其中的创作,在搜集资料、整理写作方面付出了很多心血。具体分工,第二章:杨雨星,第三章:张德威,第四章:施博,第五章:汪若琪,第六章:王堉菲。配套网课"媒介素养"已录制完成并在中国慕课网上线,研究生刘先瑞、陈晨、肖楚瑜、卓娅、陈亚鹏等都在其中参与了大量的工作,如搜集材料、撰写文本、录制课程、后期制作与包装等。欢迎所有对媒介传播感兴趣的读者来选修学习。

媒介在不断的变化中,对于媒介素养的学习与教授也任重而道远,路漫漫其修远兮,吾将上下而求索!

魏 佳

2025 年 4 月